나도 초록 식물 잘 키우면
소원이 없겠네

일러두기

식물종에 부여된 이름은 국제식물명명규약에 따른 '학명'과 우리나라에서 사용하는 '국명', 각 국가의 언어로 표기하는 '외국명'이 있다. 이 책에서는 보편적으로 사용하는 국명과 일반적으로 알려진 명칭으로 우선 표기하며, 정확한 지칭이 필요한 경우에 학명(이탤릭체) 또는 영명을 함께 표기한다.

나도 초록 식물 잘 키우면 소원이 없겠네
: 선인장도 못 키우는 왕초보를 위한 4주 완성 가드닝 클래스

초판 발행 2020년 9월 28일
3쇄 발행 2021년 7월 1일

지은이 허성하 / **펴낸이** 김태헌
총괄 임규근 / **책임편집** 권형숙 / **기획** 김지수 / **편집** 윤채선 / **디자인** 어나더페이퍼 / **교정교열** 박정수
영업 문윤식, 조유미 / **마케팅** 박상용, 손희정, 박수미 / **제작** 박성우, 김정우

펴낸곳 한빛라이프 / **주소** 서울시 서대문구 연희로 2길 62
전화 02-336-7129 / **팩스** 02-325-6300
등록 2013년 11월 14일 제25100-2017-000059호 / **ISBN** 979-11-90846-04-2 14520 / 979-11-88007-07-3(세트)

한빛라이프는 한빛미디어(주)의 실용 브랜드로 우리의 일상을 환히 비추는 책을 펴냅니다.

이 책에 대한 의견이나 오탈자 및 잘못된 내용에 대한 수정 정보는 한빛미디어(주)의 홈페이지나 아래 이메일로 알려 주십시오. 잘못된 책은 구입하신 서점에서 교환해 드립니다. 책값은 뒤표지에 표시되어 있습니다.
한빛미디어 홈페이지 www.hanbit.co.kr / 이메일 ask_life@hanbit.co.kr
한빛라이프 페이스북 facebook.com/goodtipstoknow / 포스트 post.naver.com/hanbitstory

Published by HANBIT Media, Inc. Printed in Korea
Copyright © 2020 허성하 & HANBIT Media, Inc.
이 책의 저작권은 허성하와 한빛미디어(주)에 있습니다.
저작권법에 의해 보호를 받는 저작물이므로 무단 복제 및 무단 전재를 금합니다.

지금 하지 않으면 할 수 없는 일이 있습니다.
책으로 펴내고 싶은 아이디어나 원고를 메일(writer@hanbit.co.kr)로 보내 주세요.
한빛라이프는 여러분의 소중한 경험과 지식을 기다리고 있습니다.

선인장도 못 키우는 왕초보를 위한
4주 완성 가드닝 클래스

나도 초록 식물
잘 키우면 소원이 없겠네

허성하(폭스더그린) 지음

한빛라이프

머리말

폭스더그린의 가드닝 클래스를 시작합니다

　제가 식물을 기르게 된 동기는 다른 사람들과 별반 다르지 않습니다. 복잡하고 상처받은 마음을 위로받기 위해서였죠. 대학을 졸업하자마자 일을 시작하여 20년이 넘도록 제대로 쉬어보지도 못하고 달렸습니다. 일 욕심으로 매달리다 보니, 점점 지쳐가는 줄도 몰랐습니다. 어느새 열정은 다 타버렸고 일과 인간관계에 대한 회의와 상처만 남았습니다.

　당시 너덜너덜한 제 마음을 위로해준 건, 귀여운 고양이들과 조용히 제 손길을 기다리는 식물이었습니다. 의사 선생님이 "성하 씨는 언제가 가장 행복해요?"라고 물었을 때, 한참 생각하다 "고양이들과 함께 옥상에 올라가 식물을 가꿀 때가 제일 행복하네요"라고 대답했습니다. 그러자 의사 선생님은 그럼 그 일을 더 해보는 게 어떠냐고 제안했습니다. 처음에는 말도 안 된다고 얘기했지만 곰곰이 생각해보니 이왕이면 나이 들어서도 내가 좋아하는 일을 하며 살고 싶어졌습니다. 이후에 하나씩 계획을 세웠고, 생각을 정리하며 그림 에세이 《초록여우 이야기》를 쓰게 되었습니다. 이 책을 시작으로 본격적으로 식물의 세계에 발을 디디게 되었죠.

　식물을 만나기 전에는 가구 디자인부터 시작해서 인테리어, 건축을 넘나드는 일을 했습니다. 지금은 식물로 공간을 완성하는 플랜테리어 일을 하고 있어요. 처음 이 일을 시작할 때는 전에 하던 일과 완전히 다른 분야라고 생각했습니다. 그런데 사실 다르지 않더라고요. 도구만 바뀌었을 뿐 결국 같은 일이었습니다. 기존에 하던 일과 크게 다르지도, 특이하지도 않더라고요. 저는 여전히 공간을 이해하고 식물이 놓일 환경을 생각하며 조화로운 분위기를 만드는 일을 하고 있습니다. 다만 제 마음이 좀 더 편한 방식으로요.

　　여러 경험을 살려 삼성전자, 삼성연수원, 엘지 디자인센터, 네이버 등 기업 공간과 성수연방, 가로골목, 빈폴, 프레쉬 등 수많은 곳의 플랜테리어를 진행했습니다. 할 때마다 새롭고, 식물이라는 아이템 하나로 이 일을 할 수 있다는 것이 놀라워요. 물론 스트레스 받을 때도 있지만 식물과 함께여서 이겨낼 수 있었습니다.

　　가드닝 클래스는 내 식물 경험을 공유해보자는 목적으로 시작했습니다. 하다 보니 식물을 대하며 얻은 편안한 기분까지 공유하게 되더군요. 수업 첫날에는 수강생 분들이 개인 감정을 노출하지 않으려고 다소 경직된 모습을 보이지만 회를 거듭할수록 표정부터 바뀌는 것을 느낍니다. 콧노래를 부르며 식물을 심는 분도 있습니다. 오신 분들 중 태반이 직장에서 스트레스를 받거나, 이직을 고민하거나, 출산과 육아로 오랜 시간 공백을 겪은 분들입니다. 여러 가지 복잡한 마음과 헛헛한 마음을 안고 수업에 들어왔던 분들이 식물 하나로 마음이 따뜻해지고 편안해집니다. 제게 힐링을 준 식물이 다른 사람들에게도 같은 과정과 결과를 가져다주는 모습을 지켜보는 것이 뿌듯하고 즐겁습니다.

　　이 책을 준비한 지 2년이 다 되어가네요. 여러 번 출간 제안을 고사하다가 '초보자를 위한 쉬운 책'이라는 콘셉트가 마음에 와닿아 책을 내게 되었습니다. 처음에 식물을 기르던 제 모습을 떠올리며 꼼꼼히 준비했습니다. 이 책을 읽으시는 모든 분들이 식물 키우기를 좀 더 쉽게 시작할 수 있길, 식물을 기르며 마음에 위로를 받을 수 있길 바랍니다.

시작하기 전에

초록 식물과 친해지는 시간

식물을 두려워하지 마세요

꽃 몇 송이를 사오는 것과 달리 온전한 식물을 들이는 일은 잘 키워야 한다는 책임감 때문에 신중해집니다. 예뻐서, 남들처럼 키워보고 싶어서, 미세먼지를 줄이기 위해서 등 여러 이유로 식물을 사고 싶지만 잘 키울 수 있을까 하는 걱정이 앞서 '손이 덜 가는 식물', '잘 안 죽는 식물'을 찾게 됩니다. 결론적으로 말하면 무조건 쉬운 식물도, 어려운 식물도 없습니다. 내 생활 습관과 주거 환경에 맞거나 안 맞는 식물이 있을 뿐이지요. 그래서 식물은 많이 키워봐야 잘 키울 수 있습니다. 죽이는 걸 겁내지 마세요. 나에게 맞는 식물을 찾아가는 과정을 즐기세요. 요새는 단순히 키우는 식물이 아닌 '반려 식물'이라고 얘기하지만 책임감이 느껴지는 단어는 일단 넣어둡시다.

수업을 하다 보면 많은 분들이 식물을 소유하는 것보다 경험하는 것에 더 큰 가치를 두는 것 같습니다. 같은 결과물이라도 직접 배워서 과정을 익히고 내 손으로 만들어낸 것은 다소 완성도가 떨어지더라도 애착이 갈 수밖에 없지요. 창업이나 자격증을 위해서가 아니라도 식물을 배운다는 것은 상당히 즐거운 일입니다. 그저 예쁜 화분 하나를 가지는 데 그치지 않고 내 마음의 평화를 위한 일이라는 걸 저는 분명히 느낍니다. 여러분도 두려움은 잠시 넣어두고 식물 키우기를 시작해보세요.

'키우는 재미'를 먼저 느껴보세요

식물을 처음 키운다면 '씨앗부터 뿌려야 하나?' 하고 고민할 수 있습니다. 아니, 아니요. 이미 뿌리를 내리고 세상에 적응해서 살고 있는 모종을 사오는 것이 좋습니다. 사온 모종을 내 화분에 옮겨 키우는 쪽이 정신 건강에도 좋을 듯합니다. 식물(특히 나무)은 생각보다 더디게 자라거든요. 1m 크기의 식물을 집에 두고 싶다면 그만큼 자란 것으로 데려오세요.

식물을 잘 키우려면 우선 내 마음에 드는 예쁜 식물을 눈에 잘 보이는 곳에 두어야 합니다. 그래야 애정도 생기고, 물 주기도 깜빡하지 않아요. 흙 속에 묻혀 보이지 않는 씨앗은 싹이 트고 잎이 자랄 때까지 시간이 오래 걸리기 때문에 처음에만 관심이 가고 나중에는 잊어버리고 맙니다. 싱그러운 초록 식물이 조금씩 자라는 모습을 보면 뿌듯함이 느껴지고 자신감도 점점 생길 거예요.

물론 씨앗부터 키우는 것은 또 다른 재미가 있습니다. 요즘 아보카도 씨앗으로도 많은 분들이 식물 키우기를 시작하기도 하죠. 씨앗에서 새잎이 나오는 모습을 보는 건 말로 표현할 수 없는 즐거움입니다. 밀 싹이나 새싹 보리는 누구나 쉽게 도전해볼 만합니다. 시기에 상관없이 잘 자라거든요. 하지만 다른 대부분의 식물은 파종 시기가 있습니다. 이 시기가 맞지 않으면 싹이 잘 나지 않아요. 그렇기 때문에 식물을 키우기로 마음먹었다면 모종으로 데려오는 것을 추천합니다.

차례

머리말. 폭스더그린의 가드닝 클래스를 시작합니다 · 4
시작하기 전에, 초록 식물과 친해지는 시간 · 6

Part 1. Gardening Class

하나씩 차근차근, 4주간의 가드닝 클래스

WEEK 1
첫 번째 초록 식물

- step 1 식물을 키우는 건 8할이 해 · 14
- step 2 물 주기 3년, 또 3년 그리고 또 3년 · 20
- step 3 식물 키우기는 도구빨? · 26
- step 4 분갈이만으로 식물을 살릴 수 있다 · 38
- step 5 첫 번째 초록 식물 심기 · 44
    - 몬스테라 델리시오사
    - 아메리칸블루

WEEK 2
집 안의 작은 숲, 관엽식물

- step 1 실내 공간별 어울리는 식물 · 60
- step 2 알고 나면 아주 쉬운 관엽식물 관리법 · 64
- step 3 영양제와 병충해 관리 · 66
- step 4 반려동물과 함께 키우기 · 74
- step 5 키가 큰 관엽식물 심기 · 82
    - 휘커스 움벨라타
    - 켄차야자

WEEK 3
누구나 한 번쯤 키워본 다육식물과 선인장

- step 1 이름표 쓰기부터 시작하는 다육식물 관리법 · 100
- step 2 다양한 매력의 다육식물 종류 · 106
- step 3 다육식물 전용 도구와 흙 · 110
- step 4 작은 다육식물 심기 · 112
    - 만세선인장
    - 울녀심
- step 5 큰 다육식물 심기 · 126
    - 대경

WEEK 4
모두가 꿈꿔온 로망, 허브

- step 1 허브 키우기의 필수 조건 · 138
- step 2 계절별 물 주기 방법 · 140
- step 3 허브의 종류 · 142
- step 4 허브 심기 · 146
    - 로즈메리
    - 라벤더
- step 5 미니 허브 정원 만들기 · 158
    - 미니 허브 정원

PART 2. HOME GARDENING

이제 나의 취미는 홈가드닝

1
식물 킬러에게 추천하는 식물

수경 재배가 가능한 식물들 · 168
사무실 책상에서 키울 수 있는 이끼 · 170

2
까다롭지 않은데 모양도 예쁜 식물

동글동글한 잎이 귀여운 필레아 · 172
잔잔한 매력이 있는 아스파라거스 · 174
늘 한결 같은 푸르름, 고사리 · 178
시원한 느낌을 주는 덩굴 식물,
시서스 엘렌다니카 · 180

3
난이도는 높지만 매혹적인 식물

몽글몽글한 노란 꽃을 터트리는 아카시아 · 182
청량한 초록 식물, 유칼립투스 · 186
신비로운 은빛을 내는 올리브나무 · 188
자연이 키운 야생화 · 190

4
수형이 아름다운 식물

해를 따라가며 자라는 드라세나 · 192
다듬어지지 않은 수형, 페라고늄 · 194
분재의 멋, 황칠나무 · 198
선이 아름다운 꼭지윤노리나무 · 200
의도하지 않은 수형 · 202

부록. 식물 초보자가 궁금한 모든 것

물 주기 편 · 207   분갈이 편 · 208   관리 편 · 211   식물 선택 편 · 213   기타 · 215

Part 1

Gardening Class

하나씩 차근차근,
4주간의 가드닝 클래스

WEEK 1

GREEN PLANTS

첫 번째
초록 식물

식물은 좀처럼 속마음을 알 수가 없습니다. 해가 얼만큼 필요한지, 물은 언제 줘야 하는지, 흙은 언제 갈아줘야 하는지…. 키우던 식물이 말없이 시름시름 앓다 죽기도 합니다. 처음부터 식물을 잘 키울 수는 없습니다. 하지만 식물의 특성에 관심을 갖고 신경 쓴다면 더 예쁘고 건강하게 키울 수 있습니다. 1주 차에는 식물을 키울 때 가장 중요한 해, 물, 바람에 대해 알아보겠습니다. 식물은 원래 밖에서 자랐기 때문에 이 세 가지 자연의 섭리를 알아야 실내에서도 비슷하게 잘 키울 수 있습니다. 이어서 흙과 도구를 알아보며 가드닝과 친해지는 시간을 가져봅시다. 여기까지 잘 따라왔다면 첫 번째 초록 식물을 맞이할 준비가 되었습니다. 이제 하나씩 심어보고 식물이 자라는 것을 유심히 살펴보세요. 앞에서 배운 내용을 기억한다면 이번에는 식물이 보내는 신호를 알아차릴 수 있을 겁니다.

Step 1

식물을 키우는 건 8할이 해

식물이 자라는 데 필요한 것은 해, 바람, 물, 흙입니다. 그중에서 가장 기본이 되는 해부터 알아봅시다. 우리 집에 들어오는 햇빛의 양에 따라 식물을 고르고, 햇빛을 얼만큼 필요로 하는 식물인지에 따라 자리할 곳을 정하는 게 좋습니다.

수레국화나 양귀비 같은 야생화는 들판에서 볼 수 있습니다.   털수염풀 같은 그라스 종류는 쨍한 햇빛과 바람을 좋아합니다.

실외 햇빛과 실내 햇빛의 차이

해를 기준으로 식물은 크게 두 가지로 나뉩니다. 바깥에서 직사광선을 받으며 자라는 식물과 집 안에서 창문이나 사물 등에 가려진 해를 받는 식물이 있습니다. 예쁜 색감과 모양으로 인기가 많은 수크령, 참억새, 핑크뮬리 같은 사초과 식물은 드넓은 언덕에서 해를 온몸으로 받으며 자라기 때문에 아무리 해가 잘 드는 베란다가 있다 해도 실내에서 키우기는 어렵습니다. 바늘꽃, 버베나 같은 야생화도 마찬가지예요. 모든 이들의 로망인 허브도 해와 바람을 많이 받고 자라야 하는 대표적인 식물입니다.

그러면 허브나 야생화 같은 식물은 집에서 절대 키울 수 없을까요? 어렵지만 노력은 해볼 수 있습니다. 집에서 해가 가장 잘 드는 베란다에 두고 직사광선과 바람을 맞을 수 있도록 창을 자주 열어주면 밖에서 자란 것보다 약하지만 그래도 잘 살 수 있습니다.

나뭇잎 사이사이로 떨어지는 햇빛은 실내로 들어오는 햇빛과 비슷하다고 볼 수 있어요.

　　실내에서 햇빛이 드는 곳은 열대우림 환경과 비슷합니다. 열대우림을 떠올려보세요. 수십 m에 이르는 나무들 사이사이에 작은 식물들이 자라죠. **나무 아래에서 자라는 식물은 넓은 나뭇잎 사이로 떨어지는 적은 양의 빛을 받아요.** 이런 식물이 바로 창문이나 얇은 커튼으로 걸러진 햇빛(흔히 반양지라고 표현합니다)을 받고도 잘 자라는 인도어 플랜트 indoor plant 입니다. 반양지라고 해서 그늘처럼 어두컴컴한 곳은 아니에요. 직사광선을 피한 밝은 곳입니다.

　　이렇듯 **식물마다 필요한 햇빛의 양이 다릅니다.** 날씨가 좋은 날 길을 가다보면 식물이 햇빛을 쐬도록 밖에 내놓은 집들이 있는데, 식물이 실내에 있다가 갑자기 땡볕으로 나오면 잎들이 화상을 입습니다. 실내에서 피어난 새잎은 특히 쉽게 타버리기 때문에 주의가 필요합니다. 식물에 햇빛을 쐬주고 싶다면 어두운 곳에서 밝은 곳으로 점진적으로 옮깁니다.

그늘진 숲 사이와 나무 아래에는 맥문동, 비비추 같은 음지성 식물이 자랍니다.

햇빛을 거의 받지 않고 그늘진 곳에서 사는 식물도 있습니다. 호스타, 휴케라, 고사리 같은 지피식물과 나뭇가지에 착생하는 난 같은 음지성 식물입니다. 이런 식물은 땅과 바위에 붙어 살거나 다른 식물에 붙어 살면서 해가 많이 들지 않는 곳에서도 잘 자랍니다. 이런 식물은 오히려 햇빛이 강한 곳에 두면 잎이 누렇게 타버리기 때문에 되도록 그늘에 두는 것이 좋습니다.

실내 햇빛이 적을 때 쓰면 좋은 도구: 식물 성장용 LED 전등

만약 집 안에 해가 충분히 들지 않는다면 식물 성장용 LED 전등을 다는 것도 방법입니다. 이 전등은 인체에 해로운 자외선UV과 열을 내는 적외선IR을 제외하고 가시광선에서 **광합성을 촉진하는 붉은빛과 잎을 키우는 푸른빛을 넣어서 만든 식물 생장 촉진용 전구입니다.** 해가 부족한 실내에서 작은 해의 **역할을 합니다.** 특별한 설치가 필요하지 않고 집게형 스탠드에 전구만 꽂아 어디든 비출 수 있어 매우 간편합니다. 보라색이 강할수록 효과는 좋지만 과장된 색이 부담스러울 수 있습니다. 그러면 효과는 좀 떨어지겠지만 흰색에 가까운 빛이 나는 전구를 사용해도 됩니다. 전구가 식물에 가까울수록, 전구 개수가 많을수록 효과는 좋겠지요. **전등은 해가 있는 동안만 켜두면 됩니다.**

원래 있던 전등에 전구만 갈아 끼워 식물에 모자란 빛을 채워줄 수 있습니다.

Step 2

물 주기 3년, 또 3년 그리고 또 3년

식물 키우기에서 초보자가 가장 어려워하는 부분이 바로 '물'입니다. '풀 뽑기 3년, 물 주기 3년'이라는 말이 있을 만큼 물을 제때, 적당히 주기는 굉장히 어려운 일입니다. 오랫동안 식물을 잘 살펴보면서 물 주기를 맞춰가야 한다는 말이지요. 물이 적은지 많은지, 식물은 말을 안 하니 알 수가 없거든요. 물이 적다면 물을 주면 되지만, 물이 많으면 더 위험합니다. 긴가민가 할 때는 안 주는 편이 더 좋다고 할 정도입니다.

물 주는 방법	드립 커피를 내리듯이 조리개를 돌려가며 천천히
물 주는 시기	흙 속으로 손가락을 한두 마디 정도 넣어서 보송보송한 느낌이 들 때
물 주는 시간	오전 8~9시
물 온도	하루 동안 담아놓은 20°C 정도의 수돗물
물 양	배수 구멍으로 물이 나오기 시작할 때까지
적정 습도	50~60%

(X)   (O)

물을 주는 방법

뿌리 위쪽은 식물을 지탱하는 역할을 하고 뿌리 아래쪽은 물을 빨아들이는 역할을 합니다. 그러므로 아래쪽 뿌리가 물을 충분히 흡수할 수 있도록 흙이 흠뻑 젖을 만큼 물을 주어야 합니다. 흙이 마르면 화분과 흙 사이에 틈이 생깁니다. 이때 물을 들이부으면 틈 사이로 물이 빠져 정작 흙은 젖지 않습니다. 그래서 물을 줄 때는 드립 커피를 내리듯이 천천히 한 바퀴 두르고, 가라앉으면 또 한 바퀴 두릅니다. 이 과정을 3~4번 반복하세요. 물은 이렇게 시간과 정성을 들여야 합니다. 이 과정이 번거롭다면 넓은 대야에 물을 받아 화분을 올려두는 저면관수를 해도 좋습니다. 하지만 대야에 물이 계속 고여 있으면 과습이 되고 벌레도 생길 수 있으니 흡수되고 남은 물은 버려주세요.

　　물을 주기에 가장 적합한 시간은 오전 8~9시입니다. 식물이 물을 가장 필요로 하는 시간이기 때문이에요. 이때 미지근한 20~25°C의 수돗물을 사용하는 것이 좋습니다. 실온에서 하루 정도 물을 담아두었다가 수돗물 속 염소를 가라앉혀 사용하면 더 좋아요. 정수된 물을 쓸 필요는 없습니다.

저면관수

물을 주어야 할 때

물 주기의 기본은 '겉흙이 말랐을 때 충분히'입니다. 화분이 놓인 환경, 해를 받는 정도, 바람이 부는 정도, 공간의 온도, 화분의 재질과 크기, 식물의 특성 등 다양한 이유에 따라 흙이 마르는 주기는 천차만별이기 때문에 '며칠에 한 번'이라는 말은 큰 의미가 없어요.

해가 많이 들고 바람이 잘 부는 곳에서는 물이 빨리 마를 수밖에 없습니다. 그래서 실외에서 키우는 식물에는 물을 자주 줘야 해요. 여름에는 하루에 두 번씩 주기도 합니다. 그늘일수록, 흙의 양이 많을수록 물이 천천히 마르겠지요. 식물의 특성도 잘 알아야 합니다. 물을 좋아하는 식물에는 겉흙이 마르기 시작하자마자, 건조한 환경을 좋아하는 식물에는 겉흙이 완전히 바싹 말랐을 때 물을 주는 것이 좋습니다. 보통 잎이 작고 얇거나 뿌리가 아주 가는 식물은 물이 조금만 마르면 바로 반응합니다. 잎이 크고 뿌리가 두꺼울수록 물을 저장해놓고 조금씩 쓰기 때문에 물이 말라도 바로 죽지 않아요.

햇빛을 많이 많을수록, 통풍이 잘될수록, 잎이 작을수록, 화분이 작고 토분일수록 물이 빨리 마릅니다.

보송보송하게 마른 흙   촉촉하게 물을 머금은 흙

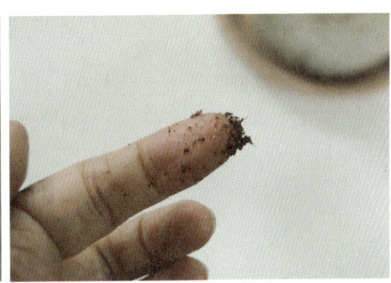

손가락을 넣어 흙이 묻어 나오면 촉촉한 흙입니다.

나무 막대를 꽂았다 뺐을 때 끝부분이 촉촉하게 젖어 있으면 물이 충분한 상태입니다.

잎이 신호를 보내기도 합니다. 줄기와 잎이 아래로   물을 주고 시간이 좀 지나면 잎이 오똑 섭니다.
처지면 물이 부족한 상태입니다.

습도 관리

공중의 습도를 높이는 것도 물 주기만큼 중요합니다. 특히 식물의 원산지가 열대우림인 경우 고온 다습한 환경에 적응되어 있기 때문에 실내 습도에 신경 써야 합니다. 습도를 50~60% 정도로 유지하는 것이 좋고, 건조한 날에는 분무기를 사용해 잎에 물을 자주 뿌려주는 것이 좋습니다. 습도가 낮으면 잎 끝이 갈색으로 마르거나 깍지벌레, 온실가루이 등 각종 병충해가 쉽게 생길 수 있습니다. 장마철을 제외하고 매일 잎에 분무해주세요.

물은 욕실에서 잎과 흙에 시원하게 주는 것이 좋습니다.

Step 3

식물 키우기는 도구빨?

가드닝은 작은 삽 하나만으로도 시작할 수 있는 취미입니다. 여기에 몇 가지 도구만 더 준비하면 식물 키우는 기쁨을 배로 올릴 수 있습니다. 식물을 고르고 장비를 갖췄다면 그다음에는 흙이 필요하죠. 식물의 주식이 햇빛과 물이라면 흙은 식물이 사는 집과 같습니다. 식물 특성에 맞는 흙을 써야 하는데, 배수 정도에 따라 간단히 흙을 고를 수 있습니다. 가드닝의 깊이가 깊어질수록 흙의 산성도, 염분, 보습성, 영양가, 무게 등 따져봐야 할 것이 많고 다 중요하지만 여기서는 일반적인 실내 가드닝을 할 수 있는 정도로 흙을 알아보겠습니다.

흙의 종류

난석
인공으로 구운 흙이며 굵기는 대(10~15mm), 중(5~10mm), 소(3~5mm)가 있습니다(사진 속 난석은 중 사이즈). 입자가 굵어 알갱이 사이로 물이 흘러 나가기 때문에 배수층을 만들 때 사용하거나 물 빠짐이 중요한 난 종류를 심을 때 주로 사용합니다.

펄라이트
진주암을 가열한 후 튀겨서 만든 인공 흙입니다. 무게가 가벼워 옥상 조경을 할 때 건물 하중을 줄이기 위해 쓰기도 합니다. 분갈이용 흙을 사면 들어 있는 하얀 알갱이가 바로 펄라이트입니다. 가벼워서 물을 주면 흙 위로 둥둥 뜨는데 벌레 알로 오해하는 일도 종종 있어요.

마사토
각종 암석이 오랜 세월 풍화돼 잘게 부서진 흙으로, 우리말로는 '굵은 모래' 정도로 부를 수 있지만 일반적으로 일본어에서 유래한 '마사토'라고 부릅니다. 돌과 흙의 중간 단계로 무게가 묵직하고 입자가 굵어 배수가 잘되고 통기성이 좋습니다. 세균도 거의 없어 싹을 틔울 때나 토질 개량을 할 때 많이 사용합니다. 습한 곳을 싫어하는 다육식물이나 선인장을 심을 때 사용하기 좋습니다.

세척마사토
마사토를 씻어 진흙을 없앤 흙입니다. 화분 맨 아래에 깔거나 테라리엄을 만들 때 사용하기 좋습니다. 일반 마사토는 진흙이 굳어서 배수 구멍을 막아버릴 수 있고, 테라리엄을 흙탕물로 망칠 수도 있기 때문입니다.

부엽토

풀이나 낙엽 등이 썩어서 만들어진 흙으로 수분과 양분을 많이 가지고 있어 식물이 살기 좋습니다. 살균이 안 된 부엽토는 야외 정원을 만들거나 밭농사를 할 때는 자주 쓰지만 홈가드닝에는 거의 사용하지 않습니다. 흙 속에 미생물이 많아 실내용으로는 적합하지 않아요.

피트모스

연못 속에서 퇴적된 흙으로 산성이 강합니다. 블루베리처럼 강한 산성을 요구하는 식물은 반드시 피트모스에 심어야 합니다. 산성도가 맞지 않으면 열매를 맺지 않기 때문입니다. 흙 표면이 마르면 물이 또르르 구르며 속이 젖지 않으므로 반드시 바크(30쪽) 등의 마감재로 덮어주는 것이 좋습니다.

상토(분갈이흙)

마사토, 부엽토, 펄라이트, 피트모스 등의 흙을 적절하게 섞어 만든 것으로 분갈이용으로 사용하기 좋습니다. 영양분이 많이 들어 있어 흔히 거름이라고 부릅니다.

마감재의 종류

마감재는 식물을 심고 가장 마지막에 올리는 이끼, 나뭇잎, 돌 등을 말합니다. 흙의 수분을 보존하고 온도를 유지하며, 잡초가 나는 것을 막아 깔끔하게 정리해주는 역할을 합니다. 마감재가 화분의 최종 디자인을 결정해요. 어떤 것을 쓰느냐에 따라 화분 느낌이 달라집니다.

수태
물이끼입니다. 보통 마른 상태로 판매되고 물을 부으면 자기 부피의 20배나 되는 물을 간직할 수 있습니다. 주로 이끼 정원을 만들 때 베이스로 사용하고, 난을 심을 때 자주 사용합니다.

바크
나무껍질을 잘라 만든 것으로 흙의 습도와 온도를 유지하는 역할을 합니다. 주로 정원을 가꿀 때 사용하고 난을 심을 때도 사용합니다.

비단이끼
테라리엄을 만들거나 습기를 오래 머금고 있어야 하는 식물을 심고 나서 마감재로 사용합니다.

장식돌

장식돌에는 자갈, 화산석, 에그스톤 등 많은 종류가 있습니다. 혹은 펄라이트나 세척마사토를 사용하기도 합니다. 장식돌은 종류마다 크기와 색깔도 다양합니다.

화산석

펄라이트

콩자갈

에그스톤

가드닝 도구

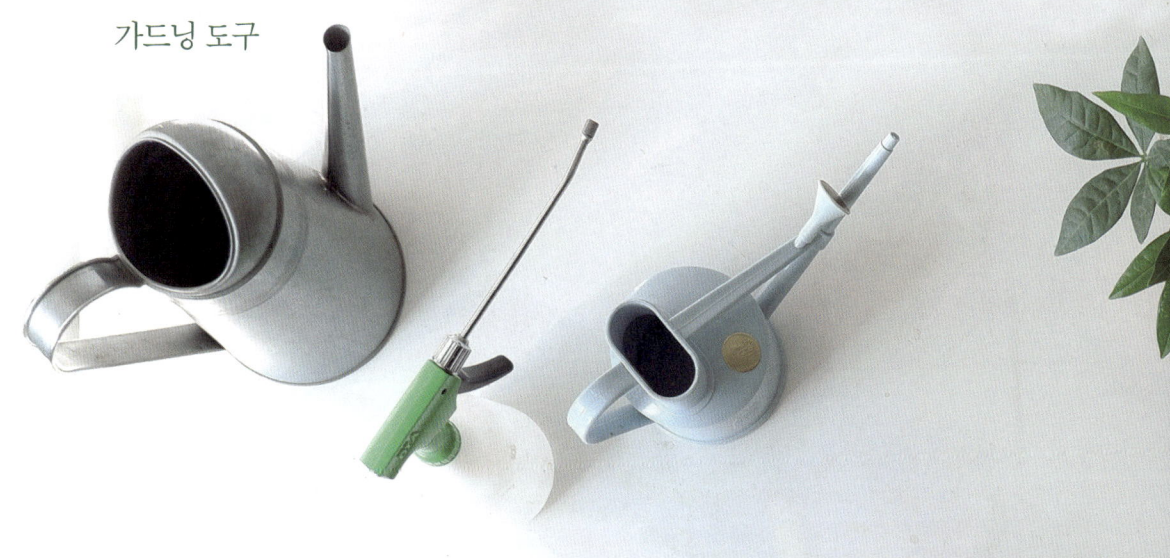

물조리개와 분무기
물을 줄 때 쓰는 도구입니다. 홈가드닝에 적합한 종류를 선택합니다. (34쪽 참고)

핀셋
작은 식물을 집을 때나
벌레를 잡을 때 유용합니다.

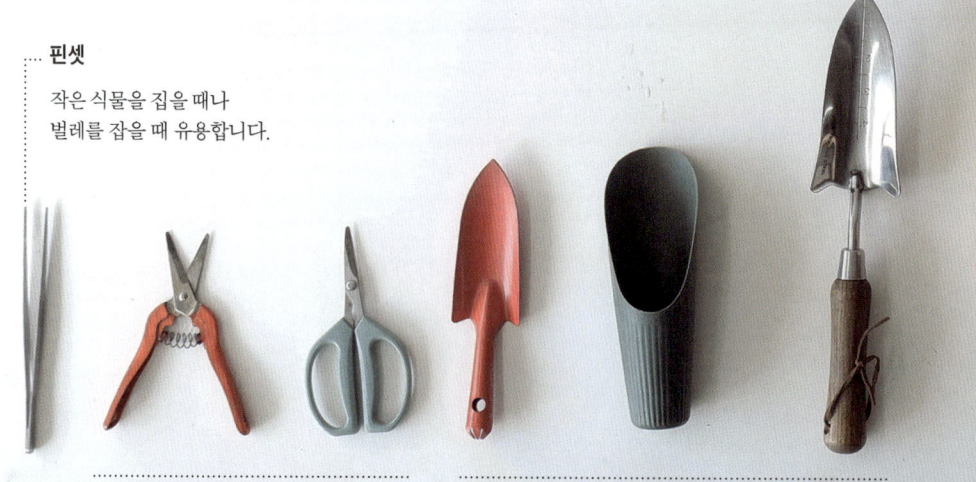

원예용 가위
잎이나 줄기 굵기에 따라 다양한
종류를 준비하는 것이 좋습니다.

모종삽
흙이나 작은 식물을 옮길 때 쓰는 도구로, 활용 방법
에 따라 다양한 디자인이 있습니다. (35쪽 참고)

흙통
흙을 배합하거나 덜어 쓸 때 좋습니다.

회전판
화분을 올려두고 사용합니다. 흙을 화분에 넣을 때 한쪽으로 치우치지 않고 골고루 넣기 편합니다.

원예용 지지대, 철사
부드러운 재질의 원예용 지지대와 철사는 식물 모양을 잡아주는 역할을 합니다.

빗자루
가드닝 후 뒷정리를 깔끔하게 하는 데 필요합니다.

화분망
배수 구멍에 대는 플라스틱 망입니다. 적당한 크기로 잘라 씁니다.

나무 막대
식물의 이름을 적어 꽂아두거나, 흙이 말랐는지 확인할 때 사용할 수 있습니다.

장갑
다양한 재질이 있지만 젖지 않는 소재를 선호합니다. 환경을 위해 여러 번 재사용하면 더 좋겠죠.

고무망치
식물을 화분에서 꺼낼 때 사용합니다.

물조리개와 분무기

물조리개는 실외용과 실내용으로 구분됩니다. 실외용(4)은 4L 용량이 적당하고, 샤워기처럼 물이 분사되는 형태가 좋습니다. 분사형 물조리개는 대부분 머리 부분을 탈부착할 수 있어 머리 부분을 떼면 물을 한 줄기로 가늘게 줄 수 있어요. 실내용(3)은 물이 2L 정도 들어가고 입구가 좁은 것이 적당합니다. 크기가 작은 물조리개는 작은 화분에 섬세하게 물을 줄 때 사용하기 좋습니다. 화분의 크기에 따라 담아야 하는 물의 양이 다르기 때문에 키우는 식물 크기에 맞게 구비하는 것이 좋습니다.

분무기(1)는 잎을 건강하게 관리하기 위해 반드시 준비합니다. 물을 뿌릴 때 손에 힘이 들어가지 않고 물이 곱게 분사되는 것이 좋습니다. 펌프처럼 생긴 압축 분무기(2)는 압력을 가해 누르면 물이 분사됩니다. 압축 분무기를 사용한 후에는 뚜껑을 열어 압축을 풀어줘야 오랫동안 사용할 수 있어요.

(1) (2) (3) (4)

모종삽

모종삽 크기는 삽처럼 큰 것부터 숟가락처럼 작은 것까지 다양합니다. 사용하는 흙의 종류, 화분 크기, 옮기는 흙의 양 등에 따라 여러 개를 구비해놓고 사용해보세요.

큰 삽(1)은 야외 정원을 만들 때 주로 씁니다. 스쿱처럼 생긴 삽(2)은 많은 양의 흙을 옮길 때 쓰기 좋아요. 뒤쪽이 막힌 삽(3)을 쓰면 마감재를 흘리지 않고 담을 수 있어 편리하고, 앞이 뾰족하게 생긴 삽(4)은 식물과 화분 틈을 채우고 다질 때 사용합니다.

화분 종류

화분은 식물의 종류와 수형, 놓는 장소에 알맞은 것을 고릅니다. 어떤 디자인과 재질을 쓰느냐에 따라 안에 담긴 식물과 화분을 놓은 공간의 분위기가 확 달라지니 신중하게 골라야 합니다. 옷은 마음에 안 들면 갈아입으면 되지만 화분에 식물을 일단 심고 나면 화분을 바꾸기는 쉽지 않거든요.

종이 화분, 코코넛 화분
식물을 임시로 옮겨 심거나 파종할 때 사용합니다.

빈티지 토분
토분을 만들 때 표면을 거칠게 하여 야외에서 말리는 동안 자연스럽게 이끼가 앉도록 만든 화분입니다. 물과 햇빛이 화분 표면에 닿으면 이끼가 더 자라납니다. 야외에 둘 때 매력이 배가됩니다.

토분
흙을 구워 만든 화분으로 흙을 조제할 때 들어간 염료에 따라 색깔이 다양합니다. 한국, 중국, 베트남, 독일, 이탈리아 등 전 세계 다양한 국가에서 생산합니다. 화분 표면으로 공기가 통하여 수분을 조절하기 좋습니다.

시멘트 화분

돌가루, FRP, 흙 등을 섞어 만듭니다. 회색이 도회적인 느낌을 주어 모던한 디자인에 많이 사용합니다.

FRP Fiber Reinforced Plastics
화분

열경화성 강화 플라스틱 소재로 만든 화분입니다. 가볍고 단단해서 큰 화분으로 많이 씁니다.

플라스틱 화분

모종을 키우기 위한 작은 것부터 큰 것까지 다양한 크기와 모양이 있습니다. 깨질 위험이 없고 가벼워서 어떤 곳에서든 사용할 수 있습니다. 벽에 걸어두기도 좋습니다.

도자기 화분

고급스러운 색감이 큰 장점입니다. 화분의 물 자국이 보이지 않아야 하는 격식 있는 공간에 최적입니다. 토분보다 물 마름은 느린 편이나 무게는 거의 비슷합니다.

Step 4
분갈이만으로 식물을 살릴 수 있다

분갈이는 언제 하는 게 좋을까요? 먼저, 얇은 플라스틱 화분에 담긴 식물을 사왔다면 바로 분갈이를 해야 합니다. 꽃집에서 흔히 볼 수 있는 쪼끄마한 갈색 플라스틱 화분은 좁은 공간에 많은 식물을 옮기기 위해 만든 것으로 식물이 자라기에는 크기가 너무 작습니다. 또한 무게를 줄이기 위해 흙 대신 모래나 스티로폼을 과하게 집어넣은 경우도 있습니다. 따라서 물을 줬을 때 금방 흘러내리거나 모래가 빠져나간다면 분갈이를 해야 합니다. 식물을 키우는 동안에도 식물의 성장에 따라 분갈이를 주기적으로 해줘야 합니다.

꽃집에서 사온 플라스틱 화분에 담긴 식물은 모두 분갈이를 해야 합니다.

분갈이 주기

기존 화분에서 더 큰 화분으로 옮기는 주기는 1~2년에 한 번이 적당합니다. 하지만 꼭 1~2년이 지나지 않더라도 청소년기에 키가 한 번에 쑥 크는 것처럼 식물도 폭풍 성장을 하면 분갈이를 빨리 해야 합니다. 화분 배수 구멍으로 뿌리가 삐져나와 있다면 식물 크기에 비해 화분이 매우 작았다는 뜻입니다. 또는 잘 자라던 식물이 어느 날 성장을 멈추고 누렇게 잎이 변해 후드득 떨어진다면 흙의 영양분이 다 빠졌거나 화분 속에 뿌리가 꽉 차서 성장이 어려운 상태입니다. 바로 분갈이를 할 때라는 신호죠.

뿌리가 많이 자라 배수 구멍으로 삐져나왔습니다.

영양분이 부족하면 잎이 누렇게 변하고 후드득 떨어집니다.

분갈이하는 방법

새로운 화분은 기존 화분보다 1.5배 정도 큰 것이 적당합니다. 사실 정해진 비율은 없지만, 식물을 심었을 때 너무 크거나 작지 않은지 살펴봐야 합니다. 원체 큰 화분이라면 무작정 더 큰 화분으로 바꾸기는 어려우므로, 오래된 흙을 털어내고 새 흙을 넣어주는 방법으로 분갈이를 할 수도 있습니다. 이때 뿌리도 함께 정리해야 합니다. 희고 통통한 뿌리가 건강한 뿌리입니다. 검게 변하거나 중심 뿌리에서 떨어져 나와 뭉쳐진 뿌리라면 제거하는 게 좋습니다.

건강한 뿌리의 모습입니다.

검게 무른 뿌리는 손만 대도 떨어져 나옵니다.

분갈이 과정 미리 보기

준비하기 ⋯ 배수 구멍 막기 ⋯ 배수층 만들기 ⋯ 흙 배합하기 ⋯ 모종 분리하기 ⋯
뿌리 정리하기 ⋯ 모종 심기 ⋯ 흙 다지기 ⋯ 물 주기 ⋯ 멀칭하기 ⋯ 장식하기 ⋯ 완성

멀칭
식물을 심고난 후 흙 위에 장식돌, 아끼, 나뭇잎 등의 마감재를 올리는 작업입니다.
지저분한 흙을 정리해주고 흙의 수분과 온도를 유지해줍니다.

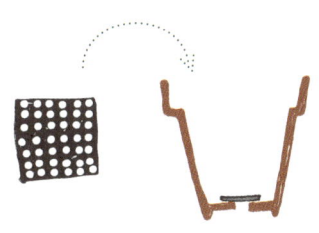

1 준비하기

옮겨 심을 식물, 새로 담은 화분, 흙, 도구를 준비합니다.

2 배수 구멍 막기

화분망은 배수 구멍을 충분히 막고 흙을 채우는 동안 움직이지 않을 정도로 너무 작거나 크지 않게 잘라 준비합니다. 화분망 대신 양파망이나 부직포를 사용해도 됩니다.

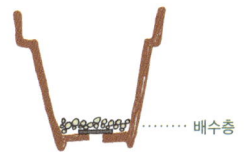
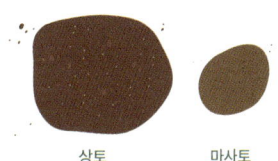

3 배수층 만들기

배수층은 화분 제일 아랫부분에 깔아주는 흙으로, 화분에 채운 흙의 유실을 막고 물이 밖으로 잘 배출되도록 도와줍니다. 주로 난석을 사용하고, 세척마사토나 화산석을 써도 됩니다. 배수 구멍을 막을 정도로, 화분 전체 높이의 10~15%가 되게 담습니다.

4 흙 배합하기

일반적으로 상토(분갈이흙)와 마사토를 섞어 사용합니다. 시중에서 판매하는 상토에는 배수가 잘되도록 펄라이트를 섞어둡니다. 여기에 마사토를 10~20% 정도 섞어 사용하면 배수가 더 잘되어 좋습니다. 건조에 강한 식물일수록 마사토를 많이 넣어줍니다. 바닥이 지저분해지지 않도록 신문지를 깔고 흙통에 흙을 비율대로 담아 모종삽으로 섞습니다.

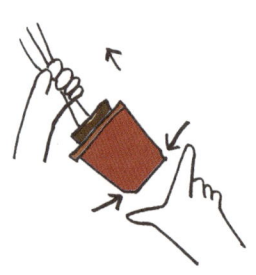  

5 모종 분리하기

플라스틱 화분의 아랫부분을 살짝 누르고 기울인 상태로 조심해서 꺼내세요. 이때 뿌리가 화분 모양대로 둥글게 말려 있고 배수 구멍 밑으로 삐져나와 있다면 화분이 매우 작았다는 뜻입니다.

6 뿌리 정리하기

검게 변한 것은 죽은 뿌리이므로 제거하는 게 좋아요. 엉킨 뿌리를 다 풀어서 정리하기도 하지만 뿌리에 무리가 갈 수 있고 초보자에게 어려울 수 있으니 생략해도 좋습니다.

7 모종 심기

과정 4에서 배합한 흙을 넣습니다. 중간중간 모종을 화분에 넣어보며 모종이 화분 높이의 80% 정도 오도록 흙을 약간 넣습니다. 그다음 모종이 가운데에 오도록 심습니다.

8 흙 다지기

모종 높이와 거의 같을 정도로 흙을 더 채운 후 화분을 톡톡 쳐가며 흙을 평평하게 펴줍니다. 그리고 손가락을 세워 흙을 다지듯이 살살 눌러줍니다. 너무 꾹꾹 누르면 뿌리가 숨을 쉬지 못하고 물이 잘 흡수되지 않습니다. 반대로 흙이 너무 헐거우면 식물이 쓰러질 수 있으므로 사방을 십자(十) 모양으로 한두 번씩 다져줍니다.

마감재

9 물 주기

뿌리가 공기 중에 노출되면 식물이 마르기 시작합니다. 물을 충분히, 골고루 뿌려 흙 안의 공기층을 확실히 없애주세요. 물조리개나 샤워기를 천천히 돌려가며 화분 밑으로 물이 흘러나올 때까지 충분히 물을 주고, 물이 다 빠지면 두 번 더 반복합니다.

10 멀칭하기

물을 주면 그림처럼 배수층까지 빈 곳 없이 흙이 채워질 거예요. 이제 멀칭을 합니다. 마감재를 한두 겹 정도 깔아 아래쪽 흙이 올라오지 않게 하세요. 멀칭까지 했을 때 흙의 높이가 화분의 85% 정도면 적당합니다

11 장식하기

돌, 이름표 등으로 장식합니다. 돌을 전체적으로 올리면 뿌리에 무리가 갈 수 있으니 적당히 올리는 것이 좋아요. 이름표에는 식물 이름과 심은 날짜 등을 기록하면 좋습니다.

12 완성

아직 잘 모르겠지요? 당연합니다. 글로만 알면 직접 해보는 것만 훨씬 못하니 실제로 하나씩 심어보면서 익혀가면 됩니다.

Step 5

첫 번째 초록 식물 심기

몬스테라 델리시오사

학명	Monstera deliciosa
영명	Swiss cheese plant, Fruits salad plant
과	천남성과
원산지	열대 아메리카
해	반양지나 빛이 조금 모자란 반음지도 좋습니다.
물	겉흙이 마르면 뿌리가 젖을 정도로 주세요. 분무는 매일 하면 좋습니다.
온도	20~25℃, 최저 5℃

최근에 인테리어용으로 큰 인기를 얻은 식물이죠. 한때는 절화로만 볼 수 있었는데, 지금은 화분에 심어 키우는 집이 많습니다. 잎이 넓고 구멍이 난 모양으로, 보기에도 예쁘고 키우기도 쉬워 초보 가드너에게 자신 있게 추천할 만한 식물입니다.

몬스테라의 원산지는 멕시코 남부입니다. 열대우림의 환경을 상상해봅시다. 거대한 나무가 빽빽하게 들어찬 숲이 있습니다. 큰 나무의 가지 사이사이로 떨어지는 햇빛을 받으며 자라는 작은 나무가 있을 겁니다. 몬스테라는 그 작은 나무들보다 더 아래쪽에서 자랍니다. 다른 나무에 가려 햇빛을 많이 받지 못하고 빗물도 적게 흡수하겠지요. 이런 환경에서 자란 몬스테라는 빛이 조금 부족한 곳에서도 잘 자라고 물이 부족해도 민감하게 반응하지 않아 실내에서 키우기 좋습니다.

몬스테라 잎에 난 구멍은 부족한 햇빛과 물을 나눠주기 위해 진화된 형태라고 하니 참으로 배려심 깊은 식물입니다. 몬스테라는 땅 가까이 자라는 식물이라 초식 동물의 습격에서 살아남기 위한 방법으로 잎, 줄기, 뿌리 등에 독을 가지고 있습니다. 독성이 세지 않아 가정집에서 키우기에는 문제가 없지만 면역력이 약한 아기와 반려동물이 있다면 입에 넣지 않도록 주의해주세요.

[몬스테라 심기]

1 식물을 처음 키울 때는 20~30cm 정도의 작은 모종이 좋습니다. 어린 모종의 경우 잎에 구멍이 없고 서너 번째 나오는 잎부터 구멍을 볼 수 있어요. 잎이 새로 날 때마다 키우는 보람을 느낄 수 있습니다.

2 화분 크기는 모종과 전체적인 비례를 보며 정합니다. 기존 화분보다 1.5배 정도 큰 것이 적당합니다. 화분을 놓을 위치에 따라 화분의 재질과 색깔도 골라보세요.

3 배수 구멍을 화분망으로 막아줍니다. 화분망은 구멍보다 조금 큰 게 좋아요. 너무 작으면 흙을 붓다가 움직일 수 있으니 주의하세요.

4 화분의 제일 아랫부분에 난석을 깔아 배수층을 만들어 줍니다. 배수층은 배수 구멍을 막을 정도로 넣습니다. 여기서는 2cm 정도 깔았습니다.

5 전체적으로 담을 흙은 상토에 마사토를 적절히 섞어서 사용합니다. 시중에서 판매되는 상토에는 부엽토와 펄라이트가 섞여 있어 배수가 잘되지만 마사토를 10~20% 섞어 사용하면 배수가 더 잘됩니다.

6 플라스틱 화분의 아랫부분을 살짝 누르고 모종을 조심해서 꺼내세요. 뿌리가 화분 모양대로 둥글게 말려 있고 구멍 밑으로 삐져나와 있다면 화분이 매우 작았다는 뜻입니다.

7 건강한 몬스테라 뿌리는 희고 굵어요. 검게 변한 것은 죽은 뿌리이므로 제거하세요. 뿌리를 다 풀어서 정리하기도 하지만 뿌리에 무리가 될 수 있고 초보자들에게 어려울 수 있으니 이 과정은 생략해도 됩니다.

8 모종을 화분에 넣었을 때 화분 높이의 80% 정도가 되도록 흙을 넣습니다. 모종이 화분 가운데에 오도록 넣고 사방에 골고루 흙을 채웁니다.

9 손가락을 세워 흙을 다지듯이 살살 눌러줍니다. 너무 꾹꾹 누르면 뿌리가 숨을 쉬지 못하고 물이 흡수되기 어려워요. 반대로 너무 헐거우면 식물이 쓰러질 수 있으니 십자(十) 모양으로 한두 번씩 다져줍니다.

10 뿌리가 공기 중에 노출되면 식물이 마르기 시작합니다. 물을 충분히, 골고루 뿌려 흙 안의 공기층을 확실히 없애주세요. 물조리개나 샤워기를 천천히 돌려가며 화분 밑으로 물이 흘러나올 때까지 충분히 물을 주고, 물이 다 빠지면 두 번 더 반복합니다.

11 화산석으로 한두 겹 깔아 아래쪽 흙이 올라오지 않게 하세요. 여기까지 했을 때 흙의 높이가 화분의 85% 정도면 적당합니다.

12 돌, 이름표 등으로 장식합니다. 마지막으로 부드러운 천에 물을 묻혀 잎 표면의 먼지와 얼룩을 닦아냅니다.

[몬스테라 키우기]

가지치기

기근

1 몬스테라는 덩굴성 식물이라 키우다보면 줄기가 옆으로 뻗어 감당하기 어려울 정도로 형태가 복잡해집니다. 적당한 가지치기로 모양을 정리해주세요. 자를 땐 줄기 마디에서 뻗은 기근(공기 중에 노출된 뿌리)이 포함되게 마디 아래쪽을 잘라주세요.

2 자른 줄기를 물에 꽂아두면 마디 부분에서 뿌리가 자라 새로운 개체가 됩니다.

기근이 자란 모습

새잎이 나는 모습

기근이 길게 자란 모습입니다. 기근은 식물이 물과 습도를 스스로 조절하기 위해서 공중에 내는 뿌리로, 잘라내도 상관없습니다.

몬스테라의 새잎은 돌돌 말려서 납니다. 연두색의 야들야들한 잎입니다. 새잎은 손의 온도만으로도 화상을 입을 수 있습니다. 일부러 펼치거나 만지지 마세요.

몬스테라 종류

파이프

몬스테라 델리시오사 Monstera deliciosa

잎이 갈래갈래 찢어진 모양으로 가장 흔히 볼 수 있는 몬스테라입니다. 지지대를 세우지 않으면 줄기가 위로 뻗지 않고 옆으로 늘어지기도 합니다. 넓은 공간에 두면 힘찬 에너지가 느껴지는 인테리어 효과를 얻을 수 있습니다. 파이프로 지지대를 세우면 줄기가 지지대를 타고 올라가 나무처럼 자랍니다.

라피도포라 테트라스퍼마 Rhapidophora tetrasperma

히메 몬스테라로도 불리는 종으로 작은 잎이 앙증맞은 몬스테라입니다.

몬스테라 아단소니 Monstera adansonii

몬스테라 델리시오사보다 잎이 작고, 구멍은 더 드라마틱합니다.
마크라메 형태로 길게 늘어뜨리거나 줄을 타고 올라가도록 연출할 수 있습니다.

아메리칸블루

학명	*Evolvulus giomeratus*
영명	American blue, Blue daze, Dwarf Morning-glory
과	메꽃과
원산지	브라질, 파라과이
해	밝은 해를 좋아합니다. 실내도 괜찮습니다.
물	겉흙이 마르기 시작하면 뿌리가 젖을 정도로 주세요. 물을 좋아합니다. 그러나 과습은 조심하세요.
온도	10°C 이상

아메리칸블루는 '키우는 맛'을 알게 해주는 식물입니다. 매일 아침마다 작고 파란 꽃을 피워 눈에 보이는 곳에 둘 수밖에 없는 관심쟁이라고 할 수 있지요. 또 물을 좋아해 관리를 게을리할 수 없게 합니다. 목이 마르면 잎을 돌돌 말며 허옇게 변하는데, 며칠 물 주기를 깜빡했더라도 죽지만 않았다면 물을 주면 금방 다시 살아납니다. 작은 실수 정도는 너그러이 용서해주니 쉽게 포기하지 마세요.

원래 중남미의 덥고 습한 지역에서 자랐기 때문에 날이 추워지면 밖에서는 금방 얼어버립니다. 또한 직사광선에도 약해 여름에 실외에서 키우면 잎이 갈색으로 타버립니다. 따라서 실내에서 키우는 것이 좋습니다. 집에서 가장 밝은 곳에 두고 키우면 일년 내내 쉬지 않고 꽃을 피웁니다. 꽃은 아침에 펴서 오후가 되면 시드는 하루살이입니다. 그리고 다음 날 또 다른 자리에서 꽃을 피우지요. 햇빛이 부족하면 잎 사이사이 간격이 넓어지며 웃자라게 되고 꽃은 피지 않습니다. 풍성한 꽃을 보고 싶다면 가지를 한 번씩 잘라주고 밝은 곳에 두세요.

아메리칸블루는 행잉 식물처럼 키우기도 하는데, 덩굴처럼 말리지는 않습니다. 학명인 *Evolvulus*는 라틴어로 '말리지 않는'이란 뜻입니다. 잎의 윗면은 초록색이고 뒷면은 은회색 빛이 돕니다. 꽃은 파란색이고 가운데에 흰색 술이 있어 시원한 느낌을 줍니다.

[아메리칸블루 심기]

1 아메리칸블루 10cm 모종, 화분, 흙, 도구를 준비합니다.
   화분망으로 배수 구멍을 막아줍니다.

2 화분의 제일 아랫부분에 난석을 깔아 배수층을 만들어줍니다. 여기서는 화분 높이가 12cm 정도여서 별로 깊지 않으므로 배수 구멍을 막을 정도인 1cm만 깔았습니다.

3 상토에 마사토를 10% 정도 섞어줍니다.

4 한 손으로 식물의 목 부분을 잡고 다른 손으로 플라스틱 화분의 바닥 모서리를 눌러 모종을 뺍니다.

5 고운 뿌리가 꽉 차 있어 뿌리 정리는 쉽지 않습니다. 지저분한 흙만 살살 털어냅니다.

6 모종이 화분 가운데에 오도록 넣습니다. 잎에 흙이 묻어 지저분해지지 않도록 손으로 잎을 젖혀가며 흙을 넣어줍니다. 화분이 그다지 깊지 않을 땐 난석 위에 흙을 먼저 넣지 않습니다.

7 모종이 잘 지지되도록 손가락을 세워 흙을 콕콕 눌러줍니다. 한두 번 정도만 눌러주면 됩니다.

8 물을 고르게 천천히 주면 물이 흙 속의 공기층을 없애며 내려갑니다. 물 주기를 두세 번 반복합니다.

9 밝은색 토분에는 마감재로 가는 마사토가 잘 어울립니다. 멀칭을 할 땐 화분의 가장자리와 모종의 뿌리 부분을 꼼꼼하게 채워야 아래쪽 흙이 떠오르지 않습니다.

10 화분을 장식하고 식물의 모양을 다듬습니다. 양쪽에 수염처럼 길게 늘어진 가지를 자릅니다. 이렇게 자르면 곧 한 가지에서 두 줄기가 나서 더 풍성한 수형으로 자랍니다.

[아메리칸블루 키우기]

물꽂이

1 줄기를 잘라 아래에서 5cm 정도까지 난 잎을 깨끗하게 정리합니다. 작은 화병에 담아 물꽂이를 합니다.

2 2~3주가 지나면 물꽂이를 한 줄기에서 뿌리가 나오기 시작합니다. 줄기에서 꽃눈이 생겨 꽃도 계속 핍니다. 뿌리가 어느 정도 자라면 다시 화분에 옮겨 심습니다.

물이 부족한 경우

물이 부족하면 잎이 금세 말라버립니다. 보통 잎이 살짝 마르기 시작할 때 물을 주면 되는데, 사진처럼 심하게 말라도 살릴 수 있습니다. 저면관수로 대략 30분 정도 두었다가 빼내고 흙 위에 물을 자주 줍니다.

이틀 정도 지나면 사진처럼 다시 살아납니다. 이것이 아메리칸블루를 키우는 맛이랄까요.

잎이 탄 모습

햇빛이 너무 강하면 잎이 붉게 탑니다. 여름에는 실내로 옮겨주는 게 좋습니다.

WEEK 2

FOLIAGE PLANTS

집 안의 작은 숲, 관엽식물

모든 식물은 광합성을 하면서 이산화탄소를 흡수하고 산소를 만들어냅니다. 공기정화 식물이 따로 있다기보다는 사실상 모든 식물이 공기정화 기능을 하고 있는 거죠. 식물 중에서 특히 관엽식물은 대부분 잎이 크고 많아서 산소를 뿜어내는 증산 활동이 더 활발하기 때문에 대표적인 공기정화 식물이 된 거예요. 관엽식물은 보통 열대우림에서 우거진 숲 사이로 적은 햇빛을 받으며 자라는데, 사람들에게 인기가 많아지면서 실내로 들어온 것입니다. 그래서 인도어 플랜트라고도 부릅니다. 앞서 1주 차에서 심어본 몬스테라도 대표적인 인도어 플랜트입니다. 싱그러운 초록색과 독특한 무늬가 매력적인 관엽식물로 우리 집을 숲으로 만들어보세요.

Step 1
실내 공간별 어울리는 식물

관엽식물을 키울 때 가장 고려해야 할 것은 역시 해입니다. 해가 어느 정도 드는 곳인지, 바람은 잘 통하는지에 따라 식물을 고를 수 있습니다. 반대로 특정 식물을 키우고자 할 때는 그 식물이 요구하는 환경조건에 맞는 곳이 어디인지 보고 그 자리에서 키우면 됩니다. 집을 바꾸긴 어려우니 집 안팎의 환경에 적합한 식물을 골라야 합니다. 마당이나 옥상이 없다면 실내 환경에서도 잘 자라는 인도어 플랜트를 키웁시다. 그중에서도 우리 집의 창문 위치와 공간에 적합한 식물로 고르는 것이 좋겠죠?

떡갈고무나무

드라세나 마지나타

인도어 플랜트는 거실에서 가장 밝은 창가에 두는 것이 좋습니다.

창문 위치에 따라

해가 들어오는 정도는 창이 있는지, 창이 어느 방향으로 나 있는지에 따라 달라집니다. 창의 위치에 따라 식물을 놓는 위치가 정해지기도 합니다. 하지만 유리창은 식물이 자라는 데 필요한 가시광선을 차단하기 때문에 외부에서 키우는 것보다는 식물이 약하게 자랄 수밖에 없습니다. 하루에 3~4시간이라도 직접적으로 햇빛을 받게 하고 바람도 맞게 해주는 것이 좋습니다.

- **동향** 부드러운 햇살이 아침에 들기 시작해서 점심쯤 넘어갑니다. 잎이 큰 관엽식물을 키우기에 좋습니다.
- **서향** 저녁에 해가 깊숙이 들어와 식물에게 부족했던 일조량을 채우기 좋습니다. 하지만 뜨거운 여름에는 식물을 태워버릴 수도 있으니 주의하세요.
- **남향** 집에서 식물을 키우는 데 아주 좋은 방향입니다. 하루 종일 밝은 해가 들어와 다양한 종류의 식물을 키우기 좋습니다.
- **북향** 이 방향으로 들어오는 빛은 햇빛이라기보다 밝은 기운에 가깝습니다. 음지성 식물이 자라기에 좋습니다.

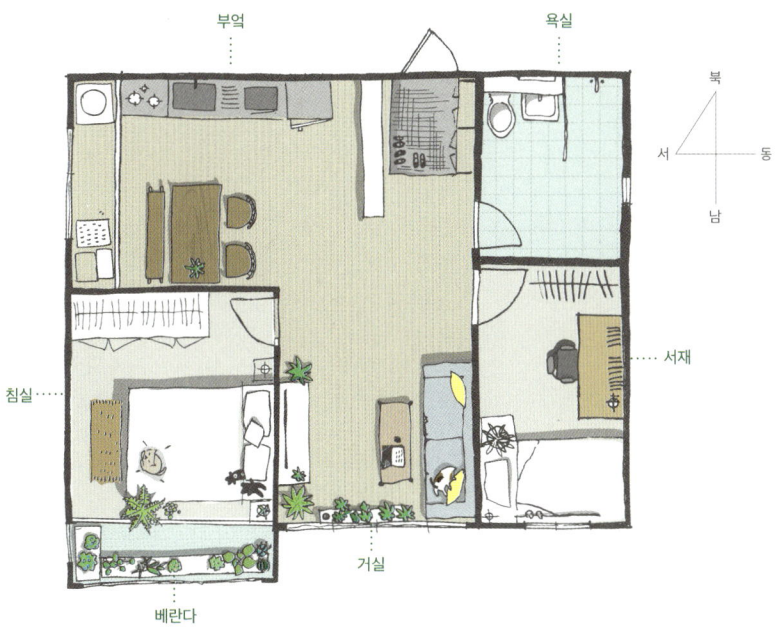

실내 공간별 식물 추천(62~63쪽 참고)

공간에 따라

거실

추천 식물 여인초, 휘커스 움벨라타, 떡갈고무나무, 알로카시아

거실의 큰 창 앞은 베란다를 제외하면 실내에서 햇빛을 가장 많이 받는 곳이라 잎이 크고 싱그러운 색감의 관엽식물을 놓기에 최적의 장소입니다. 만약 햇빛이 너무 강하다면 거실에서 그림자가 지는 곳에 식물을 두거나 얇은 커튼으로 창을 가리는 것이 좋습니다. 키가 크거나 잎이 큰 식물은 거실 인테리어에 포인트가 되어줄 것입니다.

침실

추천 식물 필로덴드론 셀로움, 스투키, 산세베리아

침실에는 공기정화 기능이 탁월한 식물을 두면 좋습니다. 필로덴드론 셀로움은 빛이 조금 적어도 잘 견디며 포름알데히드 등의 화학 성분을 희석하는 효과도 뛰어나고 비염을 완화하는 데도 도움을 줍니다. 스투키나 산세베리아도 관리가 쉽고 밤에 음이온을 많이 발생시켜 숙면에 도움이 됩니다.

부엌

추천 식물 디시디아, 립살리스

부엌은 해가 잘 들지 않아 식물이 자라기 어려운 곳입니다. 식탁 위에 수경 식물을 놓는 것을 추천합니다. 만약 싱크대 앞쪽으로 환기창이 있다면 행잉 식물을 걸어보세요. 싱크대 주변은 복잡하고 부산스러운 공간이 되기 쉽지만 작은 식물 하나로 숨을 돌릴 수 있는 포인트가 됩니다. 디시디아와 립살리스는 흙이 아닌 나무 기둥에 붙어 사는 식물이라 가볍게 걸 수 있습니다.

서재

추천 식물 수경 식물, 이끼, 이오난사

해가 잘 들지 않는 공간이라면 적은 햇빛을 받고도 잘 자라는 식물로 포인트를 줄 수 있습니다. 이끼는 공기 중에 노출시키는 것보다 유리병 안에 넣어두면 훨씬 더 싱그러운 숲속 느낌을 즐길 수 있습니다. 아이비나 스킨답서스 같은 식물은 작은 병에 꽂아 책장 선반에 올려두면 좋습니다. 서재 분위기가 한결 산뜻해질 거예요.

욕실

추천 식물 팔손이

욕실은 습기가 많고 비교적 어두운 편인 데다 공간도 협소하기 때문에 키울 수 있는 식물의 종류가 많지 않습니다. 창이 없는 욕실이라면 식물을 아예 두지 않는 게 좋고, 작은 창이 있다면 작은 병에 식물을 한두 줄기 꽂아 수경으로 키우는 것이 가장 좋은 방법입니다. 암모니아를 분해하는 팔손이 같은 식물도 좋습니다.

베란다

추천 식물 허브, 제라늄 등의 꽃 화분

남향으로 베란다가 있다면 식물을 키우는 사람에게는 축복입니다. 각종 인도어 플랜트는 물론 많은 분들이 키우고 싶어 하는 허브와 유칼립투스, 심지어 블루베리와 화초도 둘 수 있어요. 하지만 베란다 창문이 식물에 필요한 가시광선을 차단하기 때문에 하루에 3~4시간 정도는 창을 열어 식물이 튼튼하게 자랄 수 있도록 하는 것이 좋습니다.

Step 2

알고 나면 아주 쉬운 관엽식물 관리법

1주 차에서 배운 기본 관리법과 크게 다르지 않습니다. 가장 중요한 해, 물, 바람, 흙을 기억하면 됩니다. 관엽식물은 보통 키가 1m가 넘어 식물도, 화분도 크기 때문에 물이 마르는 시간이 더딜 수밖에 없습니다. 그래서 더욱 유심히 관찰해야 돼요. 또한 공기정화 역할을 잘할 수 있도록 잎 관리에도 특별히 신경 써야 합니다.

물 주기

이번에도 역시나 물 주기의 원칙은 '겉흙이 마르면 충분히'입니다. 왠지 물이 마른 것 같아 한 두 컵씩 자주 주는 것이 제일 위험한 방법입니다. 정작 아래 뿌리는 물을 먹지도 못했는데, 겉흙만 항상 젖어 있어 뿌리 윗부분이 썩어버릴 수도 있거든요. 간헐적으로 물을 주되, 부족함이 없도록 충분히 주는 것이 중요합니다. 물을 주고 난 후에 화분 받침에 고인 물은 버려주세요. 화분 아랫부분의 흙이 항상 젖어 있으면 과습이 될 수 있고 민달팽이, 쥐며느리, 뿌리파리 같은 해충이 생기는 원인이 되기도 합니다. 그리고 집에서 물을 줄 때는 한 사람만 주세요. 온 가족이 나름대로 물을 다 주고 있다면 과습이 되겠지요. 물을 줘야 하나 말아야 하나 고민될 때는 일단 주지 마세요. 과습이 훨씬 더 위험합니다.

과습인 경우
증상 나무의 아랫부분에 달린 잎들이 누렇게 뜨면서 떨어집니다.
해결 방법 일단 화분에서 빼내어 통풍이 잘되는 그늘에 말려주세요.

물 부족인 경우
증상 잎의 끝부분이 마릅니다. 잎에 탄력이 없고 처집니다.
해결 방법 물을 천천히 나누어서 부어줍니다. 배수 구멍 밖으로 물이 흘러나올 때까지 충분히 줍니다.

습도가 낮은 경우
증상 잎의 끝부분이 갈색으로 변하면서 마릅니다.
해결 방법 잎과 식물 주변에 분무하여 습도를 높여줍니다.

공중 습도 높이기

식물을 건강하게 키우는 방법은 공중의 습도를 높여주는 것입니다. 인도어 플랜트의 원산지는 많은 나무가 자라는 숲이라 항상 주변이 촉촉합니다. 우리나라의 건조한 주거 환경을 고려하면 매일 분무해도 과하지 않을 정도입니다. 겨울에는 하루에 서너 번씩 분무해주세요.

잎 관리하기

식물의 잎은 공기 중의 먼지를 흡착해 공기를 정화합니다. 그러다보니 잎에 먼지가 쉽게 앉고, 그대로 두면 뽀얗게 쌓여 공기정화 효과가 떨어집니다. 따라서 먼지가 앉지 않도록 잎을 자주 닦아주면 좋습니다. 잎은 앞뒤를 모두 닦아주세요. 혹시 모를 해충까지 한 번에 해결할 수 있습니다. 새잎은 얇고 연약하기 때문에 닦을 필요가 없습니다. 오히려 손의 온도만으로도 화상을 입는 등 상처가 나기 쉬우므로 조심하세요.

Step 3

영양제와 병충해 관리

식물을 키우며 가장 큰 기쁨을 느낄 때는 식물이 성장할 때일 겁니다. 새잎이 나고, 키가 크고, 꽃이 피는 모습을 보면 참 뿌듯합니다. 하지만 성장에 방해가 되는 병충해도 어쩔 수 없이 마주하게 되는 순간이 옵니다. Step 3에서는 성장에 도움을 주는 영양제를 올바르게 사용하는 방법과 병충해를 예방하고 해결하는 방법을 알아봅시다.

잎이 보내는 위험 신호

잎이 보내는 신호와 이런 신호가 나타나는 주된 원인을 알아보겠습니다. 사실 잎의 색이 누렇게 변하는 이유만도 너무 많습니다. 물이 부족해도, 물이 많아도 누렇게 변합니다. 영양이 부족한데 분갈이를 못했거나 흙의 산성도가 맞지 않아도 색이 변합니다. 그러므로 "우리 집 식물이 왜 이런가요?"라고 묻는다면 명쾌하게 대답하기 어렵습니다. 식물 상태가 별로 안 좋은 것 같다면 내가 물을 어떻게 줬는지, 이 화분이 놓인 환경이 어떤지, 식물을 들이게 된 과정은 어땠는지 등을 생각하며 하나씩 체크하다 보면 뜻밖의 이유를 찾을 수도 있습니다.

영양제

영양제는 봄과 가을에 주는 것이 좋습니다. 여름에는 너무 더워서 식물이 성장을 멈추고, 겨울에는 추워서 움츠리고 있는 상태입니다. 반면 봄과 가을은 뿌리, 줄기, 잎이 폭풍 성장을 하는 시기입니다. 청소년기에 밥을 많이 먹어야 쑥쑥 자라는 것처럼, 식물도 성장기에 필요한 영양소를 보충해줘야 튼튼하게 자랍니다. 영양제는 부족하면 성장이 더디고, 과하면 웃자라거나 잎과 꽃이 잘 나지 않습니다. 무엇이든 적당히!

언제
- 4~5월과 9~10월 사이, 1~2주에 한 번씩
- 분갈이한 지 오래되어 흙의 영양분이 빠졌을 때
- 잎이 누렇게 되어 떨어질 때, 꽃이 피다 말 때, 뿌리가 많이 잘려나갔을 때

어떻게
- 제품 설명서를 참고하여 흙 전체에 뿌립니다. 잎에도 분무해주세요.
- **고체형 비료**: 흙 위에 올려두면 물을 줄 때마다 조금씩 씻겨 내려가는 완화성 비료입니다.
- **액체형 비료**: 물에 충분히 희석하여 쓰세요. 관엽식물에 쓰는 경우 1,000~2,000배 희석합니다.

영양제의 3대 영양소

질소 N 잎이 자랄 때 필요한 영양소입니다. 질소가 부족하면 잎이 누렇게 변하고 어린잎부터 말라버립니다.

인 P 꽃과 과일의 성장을 도와주는 영양소입니다. 인이 부족하면 꽃이 피지 않습니다.

칼륨 K 뿌리에 필요한 영양소입니다. 칼륨이 부족하면 생육 속도가 느려지고 잎에 황색 얼룩이 생깁니다.

액체형 영양제
영양제를 희석해서 담아둔 것으로 흙에 꽂아두기만 하면 되므로 사용하기 편합니다.

액체형 종합 영양제
겉면에 '7-10-7' 같은 숫자가 써 있는데, '질소-인-칼륨'의 비율을 나타냅니다. 원액이므로 물에 희석해서 사용합니다. 대표적으로 하이포넥스 하이그레이드 제품이 있습니다.

액체형 뿌리 영양제
뿌리를 튼튼하게 만드는 영양제입니다. 분갈이한 후 사용하면 좋습니다. 원액이므로 물에 충분히 희석해서 사용하세요. 대표적으로 하이포넥스 활력액, 북살라디큘라 제품이 있습니다.

유박 비료
유기질 비료로 실외 화분에 사용하세요. 이 비료는 동물이 먹을 경우 폐사할 수 있으므로 특별히 더 주의하세요.

고체형 영양제
노란 알갱이 형태로, 농장에서 사온 화분에 들어 있는 경우가 많습니다. 벌레 알로 오해하지 마세요.

고체형 종합 영양제
화분 위에 올려 놓으면 물을 줄 때마다 조금씩 씻겨 흘러 들어갑니다.

병충해

식물과 살다보면 병충해는 피할 수 없습니다. 흙, 물, 식물이 있는 곳이면 벌레는 생길 수밖에 없어 꼼꼼히 예방을 하고 관리를 해도 이 녀석들은 끈질기게 나타나지요. 어떤 벌레는 아주 이롭지만 어떤 녀석들은 발견하자마자 제거해야 합니다. 예를 들어, 등에 점이 7개 박힌 무당벌레는 진딧물을 잡아먹기 때문에 귀하게 모셔야 하고요, 지렁이도 흙을 기름지게 하는 녀석입니다. 하지만 대부분은 해로운 벌레입니다. 벌레를 무서워하면 식물을 키울 수가 없습니다. 파이팅!

과습으로 인해 생기는 해충

뿌리파리
식물 주위에 날아다니는 까만 날파리로 흙 속에 알을 낳습니다. 쉽게 제거하려면 사과나 감자를 얇게 썰어 화분 위에 올려놓고 뿌리파리가 달라붙으면 처리합니다. 흙 속의 알을 처리하려면 물을 줄 때 코니도(72쪽)를 섞어 줍니다.

쥐며느리, 민달팽이
흙 주변이나 화분 밑에 붙어 살고 잎을 갉아먹습니다. 분비물 때문에 잎이 상하므로 약을 뿌려 제거합니다. 쉽게 제거하려면 컵에 담긴 맥주를 화분 옆에 두고 민달팽이를 유인해 처리합니다.

고온건조로 인해 생기는 해충

응애

가지 사이에 작은 거미줄을 칩니다. 벌레는 주황색 점처럼 보입니다.

솜깍지벌레

솜털처럼 생긴 하얀 벌레로 잎이나 가지에 붙어 있습니다. 성충은 벌레처럼 생겼지만 사체가 잎 뒤에 말라붙어 있기도 하여 언뜻 보면 벌레처럼 보이지 않습니다.

총채벌레

1~2mm 크기의 아주 작고 길쭉한 해충입니다. 잎 뒤에 떼를 지어 붙어있습니다.

개각충

딱딱한 등껍질 형태의 해충입니다. 잎에 끈적거리는 설탕물 같은 게 묻었다면 개각충을 의심할 수 있습니다.

온실가루이

하얗고 작은 날벌레입니다. 잎 뒤에 붙어 휙 날아갔다 날아오곤 합니다. 분비물에 의해 잎이 상합니다.

진딧물

주로 밖에서 키우던 식물을 안으로 들일 때 생기고, 새순이나 여린 잎의 뒷면에 붙어 있는 경우가 많습니다.

병이 든 것 같다면

- 병든 잎은 제거합니다.
- 일주일에 한 번씩 살균제를 분무합니다.

벌레가 생겼다면

- 다른 화분에 옮지 않도록 일단 격리합니다.
- 벌레를 잡고 물티슈로 닦아냅니다.
- 일주일에 한 번씩 약을 뿌립니다.

벌레가 감당할 수 없을 정도라면

- 스트레스받으니, 다른 식물에 옮기기 전에 과감히 포기합시다.
- 식물과 흙을 모두 버리고 화분은 살균제를 뿌려 소독합니다.

해충약 사용 시 주의 사항

- 마스크를 쓰고, 창문을 열어 환기합니다.
- 아침에 사용하는 것이 좋고, 비오는 날과 영양제를 뿌린 날엔 피합니다.

프로킬, 로드킬
종합 살균제로 마트에서 구입할 수 있습니다. 일주일에 한 번 가볍게 뿌려 병충해를 예방합니다.

메머드, 팡주거, 호리큐어, 다이센엠, 코니도
농약상에서 개인 정보를 기입 후 구입할 수 있는 제품들입니다. 어떤 병충해에 효과가 있는지 확인하고 구입하세요.

난황유
진딧물, 솜깍지벌레, 응애를 예방하는 데 효과가 있습니다.

천연 해충약, 난황유

집에 아기가 있거나 반려동물이 있으면 농약을 쓰기가 매우 망설여집니다. 이럴 때는 인체에 무해한 천연 해충약을 만들어 사용해보세요. 난황유는 원래 달걀노른자와 식용유를 섞어 만들지만 마요네즈를 사용해 간단히 만들 수 있습니다. 물 2L에 마요네즈를 새끼손톱만큼 넣고 마요네즈가 완전히 풀어질 때까지 흔들어주세요. 알갱이가 곱게 다 풀어지면 완성입니다.

난황유를 뿌리기 전에 먼저 벌레를 제거하세요. 그리고 2~3주에 한 번씩 잎에 가볍게 뿌려주면 해충 예방 효과가 좋습니다. 하지만 너무 많이 뿌리면 난황유가 식물을 코팅해버려 성장이 더뎌집니다.

Step 4
반려동물과 함께 키우기

개나 고양이 등 반려동물과 함께 사는 가정이 많습니다. 동물은 대부분 호기심이 많아서 집에 새로운 식물을 들이면 꼭 냄새를 맡고 먹기도 합니다. 호기심 때문이기도 하지만 동물들은 소화가 안되거나 속이 불편하면 잎을 뜯어 먹는 습관이 있다고 해요. 그런데 이 식물을 먹어도 되는지, 혹시 독성이 있는 건 아닌지 걱정스럽습니다. 분명히 동물에게 해가 되는 식물이 있거든요. 야생식물 중에는 협죽도(독화살의 재료로 쓰인 나무), 투구꽃(사약의 원료)처럼 맹독을 지닌 식물도 있습니다. 여기서는 실내에서 키우는 식물 중 가벼운 독성이 있는 식물 위주로 살펴보겠습니다.

캣 그라스 Cat grass

고양이를 키운다면 고양이가 좋아할 만한 식물을 키워보는 것도 좋은 방법입니다. 그러면 다른 식물을 먹지 않을 테니까요. 보리, 밀, 귀리를 일컬어 '캣 그라스'라고 합니다. 소화를 돕기 때문에 많이 먹어도 괜찮습니다. 열심히 심었는데 혹시 고양이가 안 먹는다면 주인이 잘라서 새싹 비빔밥을 해 먹어도 된답니다.

1 화분에 흙을 담고 씨앗을 뿌립니다. 0.5~1cm 간격으로 촘촘히 뿌려도 됩니다.

2 씨앗 위에 0.5cm 정도 두께로 흙을 골고루 덮어줍니다.

3 분무기로 물을 충분히 뿌려 흙이 촉촉히 유지되도록 합니다.

4 3~5일이 지나면 싹이 올라오기 시작합니다.

5 이후부터는 눈에 띄게 자랍니다. 5~6cm 정도 자라면 고양이 님에게 내어주세요.

반려동물에게 해로운 식물

식물은 초식동물에게서 자신을 보호하고 안전하게 번식하기 위해 잎이나 줄기에 독성을 가진 경우가 많습니다. 사람에게 해로운 정도는 아니지만 동물이나 아기를 키운다면 식물을 사기 전에 꼭 확인해주세요.

천남성과

- 천남성과 식물에는 대부분 독성이 있습니다.

독성 불용성 칼슘 옥살레이트

징후 구강을 자극돼 혀와 입술에 화상을 입습니다.
침을 과하게 흘리며 음식을 삼키기 어렵고 구토가 일어납니다.

몬스테라　　스킨답서스　　디켄베키아　　안스리움　　스파티필름

드라세나 마지나타

독성 불분명

징후 구토(피가 섞여 나올 수 있음), 우울증, 식욕 부진,
침 흘림, 과식증 등이 나타납니다.
특히 고양이는 동공이 확장되고 심박 수가 증가합니다.

알로에 베라, 산세베리아, 나누스, 아이비

독성 사포닌

징후 구토, 우울증, 설사, 식욕 부진,
소변 색 변화 등이 나타납니다.

고무나무, 벤자민 고무나무

독성 단백질 분해 효소, 소랄렌

징후 위장관에 자극을 받고, 피부 염증이 생깁니다.

반려동물에게 안전한 식물

집에서 쉽게 키울 수 있으면서, 동물에게도 안전하고 공기정화 효과도 좋은 식물 몇 가지를 추천합니다. 잎 모양도 동물들이 먹기 좋아하는 결로 뽑았습니다. 풀을 좋아하는 녀석이 있다면 일석이조이지요.

접란
공기정화에 탁월한 효과가 있습니다. 특히 페인트 속의 화학 물질을 줄여주어 새집증후군을 없애는 데 도움이 됩니다.

보스턴고사리
공기 오염 물질 중 특히 포름알데히드를 제거하는 데 효과적입니다. 잎을 통해 수분을 방출하여 실내 습도를 높여줍니다.

호야
페인트, 니스, 배기가스 등에 함유된 화학 성분인 자일렌을 제거하는 효과가 있습니다.

아레카야자, 대나무야자, 파키라

휘발성 유기화합물을 줄이는 데 효과가 있습니다. 전반적인 공기 질을 향상시키고 천연 가습기 역할을 합니다. 천식과 폐 질환이 있는 사람에게 도움이 됩니다.

칼라데아

실내 오염 물질인 휘발성 유기화합물과 먼지 등을 흡수해 쾌적한 환경을 조성합니다. 공기정화 효과도 뛰어나지만 습도를 높여주어 천연 가습기 역할도 합니다.

다양한 장식품으로 꾸미는 실내 정원

실내든 실외든 식물만 있는 것보다 다양한 장식품을 함께 두면 훨씬 풍부한 이야기를 담을 수 있습니다. 영화 〈아멜리에〉에서 정원에 사는 난쟁이가 세계 여행을 하고 돌아온 뒤 바뀐 정원처럼요. 잎 사이사이에 숨어 있는 고양이와 새, 동물 모양의 조명, 예쁜 초가 담긴 랜턴, 잎에 매달린 나무늘보, 아이가 그린 그림 등으로 정원은 더욱 매력적이고 아름다운 공간이 됩니다.

아이들 장난감이나 피규어를 화분 사이에 놓아보세요.

그림도 정원에서 매우 중요한 요소입니다.

집 분위기와 어울리는 전등을 달아보세요.
낮 동안 태양광을 받고 밤이 되면 켜지는 조명은
밤의 정원을 아름답게 만듭니다.

줄기에 걸 수 있는 플랜트 애니멀입니다.

Step 5

키가 큰 관엽식물 심기

휘커스 움벨라타

학명	*Ficus umbellata*
영명	*Ficus umbellata*
과	뽕나무과
원산지	열대 아프리카

해	직사광선을 피해 한 번 걸러진 햇빛 또는 반양지
물	겉흙이 마르면 뿌리가 젖을 정도로 주세요. 공중 습도는 높게 관리합니다. 분무를 매일 해주면 좋습니다.
온도	21~25℃, 최저 13℃

인테리어 잡지에서 많이 볼 수 있는 휘커스 움벨라타는 밝은 빛 아래에서 보이는 잎맥이 예쁜 고무나무의 한 종류입니다. 넓은 잎에 있는 수많은 기공으로 산소와 음이온을 내뿜어 공기정화에 도움이 되고, 특히 담배 냄새 제거에 효과가 좋습니다. 고무나무 종류는 대부분 반음지에서도 잘 자라지만, 휘커스 움벨라타는 좀 더 밝은 곳에 두는 것이 좋습니다. 밝은 햇살이 비치는 거실 창가 옆에 딱 붙여두는 것이 제일 좋습니다. 추위에 약하므로 겨울에는 거실 안쪽으로 들여놔주세요. 휘커스 움벨라타는 넓고 두꺼운 잎에 수분을 보관하고 있어 물이 조금 말라도 민감하게 반응하지 않습니다. 다만 과습에는 취약하지요. 뿌리는 건조하게, 습도는 높게 관리하는 것이 좋습니다.

[휘커스 움벨라타 심기]

1   오랫동안 작은 화분에서 자란 식물입니다. 화분 크기를 조금 넉넉하게 키워 심어보겠습니다. 지름 28cm의 시멘트 화분에 심겠습니다.

2   화분에 화분망을 깔아줍니다. 난석을 전체 높이의 10% 정도 깔아 배수층을 만들고, 배수가 잘되도록 상토와 마사토(또는 배수용 펄라이트)를 7:3 비율로 섞어 넣어줍니다.

3   모종을 꺼내기 전에 화분 밑부분을 확인해보세요. 배수구멍으로 뿌리가 나와 엉킨 상태라면 밖으로 나와 있는 뿌리와 굳은 흙을 제거해주세요.

4   나뭇가지 아랫부분을 한 손으로 잡고 고무망치로 화분 옆면을 돌려가며 쳐서 흙과 화분을 분리합니다. 그다음에 화분 윗부분을 내려치면 식물이 쉽게 빠집니다.

5 화분 모양으로 자리 잡은 뿌리를 살살 털어내며 풀어줍니다. 흐물흐물하고 검게 변한 뿌리는 제거합니다.

6 식물이 화분 가운데에 오도록 넣고 흙을 골고루 담습니다.

7 흙을 조금씩 담아 손보기보다 소복하게 충분히 담은 후 다집니다. 식물이 쓰러지지 않도록 손가락을 세워 십자(+) 형태로 사방을 눌러주세요.

8 큰 식물은 화분을 옮기거나 흙이 자리를 잡으면서 쓰러질 수 있습니다. 손으로 다진 후 나무 막대나 모종삽으로 화분을 훑듯이 흙을 다집니다. 뿌리를 건드리지 않도록 조심하세요.

9 물 3~4L를 서너 번에 나눠 드립 커피를 내리듯이 흘려 줍니다. 가장자리부터 시작해 중심 쪽으로 가면서 천천히 주는 것이 좋습니다. 급하게 주면 화분 속에 물길이 생겨 물이 그대로 흘러버립니다.

10 물이 흙 속의 공기를 없애면서 내려가 군데군데 흙이 패이기도 합니다. 패인 부분에 흙을 다시 채워줍니다.

11 세척마사토로 멀칭합니다. 펄라이트 같은 가벼운 마감재를 쓰면 물을 줄 때마다 둥둥 떠올라 화분 표면이 지저분해질 수 있습니다.

12 1.5~2cm 정도로 넉넉히 깔아줍니다. 다른 색깔의 마감재를 사용하면 또 다른 느낌을 낼 수 있습니다.

[휘커스 움벨라타 키우기]

심고 나서 관리하기

오래되어 상처가 나고 얼룩진 아래쪽 잎을 잘라내 새잎이 잘 나게 합니다.

붉은색으로 보이는 부분이 새순입니다. 이 안에서 새잎이 나오면 겉의 붉은 부분은 자연스럽게 말라 떨어집니다. 성장점이니 잘라내거나 자주 만지지 마세요.

잎이 숨을 잘 쉬도록 쌓인 먼지를 닦아냅니다. 분갈이를 한 직후에는 식물도 힘들어하기 때문에 광택제를 뿌려 증산 작용을 막아주는 것도 좋습니다.

가지치기와 꺾꽂이

1 예쁜 수형을 만들려면 가지치기를 해야 합니다.

2 마디 윗부분을 깔끔하게 잘라냅니다.

3 잘린 면에서 나오는 흰색 수액은 물로 가볍게 닦아주세요. 눈에 들어가면 바로 씻어내야 합니다.

4 가지치기를 끝낸 모습입니다. 성장점이 잘린 나무는 에너지를 다른 쪽으로 보냅니다. 잘린 마디 아래쪽 눈에서 양쪽으로 새로운 가지와 잎이 자라 처음보다 풍성한 수형으로 자랄 수 있습니다.

5 잘린 마디의 바로 아래쪽에 새순이 봉긋하게 자랐습니다.

6 점점 솟아오른 눈에서 곧 잎이 나올 것 같습니다.

7   순이 더 길어져서 줄기가 되었습니다.

8   가지치기를 하고 두 달 만에 새로운 휘커스 움벨라타로 탄생했습니다.

9   과정 2에서 자른 가지는 물에 꽂아두고 뿌리가 나오길 기다립니다. 잎은 성장에 도움이 안 되고 곧 누렇게 변해 떨어지므로 제거해도 됩니다.

10   한두 달 지나면 가지 위쪽에는 새잎이, 아래쪽에는 뿌리가 나오기 시작합니다.

11   각각 화분에 옮겨 심습니다.

실내에서 키우기 좋은 고무나무

뱅갈고무나무

- **학명** Ficus benghalensis
- **영명** Banyan tree, East Indian fig tree
- **특징** 잎의 미세한 얼룩이 매력적입니다.
  미세먼지를 제거하는 기능이 탁월합니다.

멜라니고무나무

- **학명** Ficus elastica 'Robusta'
- **영명** Robust rubbertree, Rubber plant, Rubbertree
- **특징** 좁고 길쭉한 잎이 귀여운 고무나무입니다.
  잎이 처음에는 붉은색을 띠다 크면서 초록색으로 변합니다.

떡갈고무나무

- **학명** *Ficus lyrata*
- **영명** Fiddle leaf fig
- **특징** 거실에 이 화분 하나만 두어도 존재감이 큽니다.
  독특한 잎 모양에서 중후한 멋이 느껴집니다.

인도고무나무

- **학명** *Ficus elastica*
- **영명** Indian rubber tree
- **특징** 고무나무 중에서 가장 키우기 쉬운 종류입니다.
  넓은 잎으로 공기 중의 유해 물질을 분해합니다.

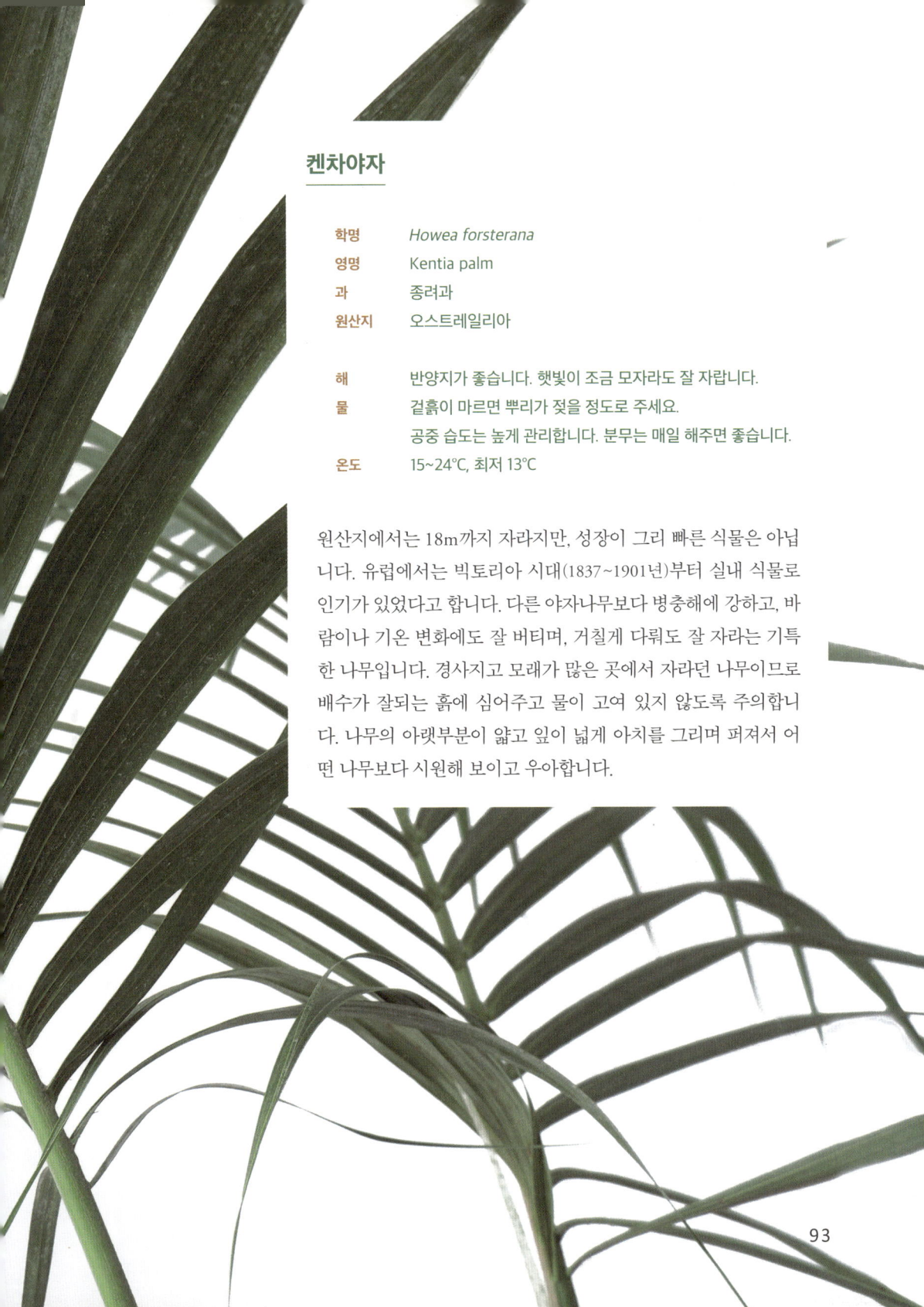

켄차야자

학명	*Howea forsterana*
영명	Kentia palm
과	종려과
원산지	오스트레일리아

해	반양지가 좋습니다. 햇빛이 조금 모자라도 잘 자랍니다.
물	겉흙이 마르면 뿌리가 젖을 정도로 주세요. 공중 습도는 높게 관리합니다. 분무는 매일 해주면 좋습니다.
온도	15~24℃, 최저 13℃

원산지에서는 18m까지 자라지만, 성장이 그리 빠른 식물은 아닙니다. 유럽에서는 빅토리아 시대(1837~1901년)부터 실내 식물로 인기가 있었다고 합니다. 다른 야자나무보다 병충해에 강하고, 바람이나 기온 변화에도 잘 버티며, 거칠게 다뤄도 잘 자라는 기특한 나무입니다. 경사지고 모래가 많은 곳에서 자라던 나무이므로 배수가 잘되는 흙에 심어주고 물이 고여 있지 않도록 주의합니다. 나무의 아랫부분이 얇고 잎이 넓게 아치를 그리며 펴져서 어떤 나무보다 시원해 보이고 우아합니다.

[켄차야자 심기]

1 길쭉하고 날씬한 느낌을 살리기 위해 좁고 긴 시멘트 소재의 화분을 선택했습니다.

2 화분에 화분망을 깔아줍니다. 난석을 화분의 10% 정도 높이로 깔아 배수층을 만듭니다.

3 나무 아랫부분을 한 손으로 잡고 고무망치로 화분 윗면 가장자리를 탁 치면 쉽게 분리됩니다.

4 영양분이 빠진 기존 흙을 털어줍니다. 뿌리가 많이 자라지 않았다면 흙을 쉽게 털어낼 수 있습니다.

5 식물이 화분 중앙에 놓이도록 사방을 살펴보고 중심을 잡아줍니다.

6 흙은 상토와 마사토(또는 배수용 펄라이트)를 7:3 정도의 비율로 섞어 배수가 잘되도록 준비합니다. 원래 모래질의 흙에서 자라는 식물이라 마사토를 좀 더 많이 섞어도 좋습니다.

7 화분에 흙을 골고루 담습니다. 조금씩 담아 손보기보다 소복하게 충분히 담은 후 다집니다. 식물이 쓰러지지 않도록 손가락을 세워 십 자(十) 형태로 사방을 눌러주세요.

8 큰 식물은 화분을 옮기거나 흙이 자리를 잡으면서 쓰러질 수 있습니다. 손으로 다진 후 나무 막대나 모종삽으로 화분을 훑듯이 흙을 다집니다. 뿌리를 건드리지 않도록 조심하세요.

9 물 3~4L를 서너 번에 나눠 드립 커피를 내리듯이 흘려줍니다. 가장자리부터 시작해 중심 쪽으로 가면서 천천히 주는 것이 좋습니다. 급하게 주면 화분 속에 물길이 생겨 물이 그대로 흘러버립니다.

10 물이 흙 속의 공기를 없애면서 내려가 군데군데 흙이 패이기도 합니다. 패인 부분에 흙을 다시 채워줍니다.

11 세척마사토로 멀칭합니다. 펄라이트 같은 가벼운 마감재를 쓰면 물을 줄 때마다 둥둥 떠올라 화분 표면이 지저분해질 수 있습니다.

12 화산석으로 한 겹 더 깔아줍니다. 마감재 색깔에 따라 다른 느낌을 낼 수 있습니다.

[켄차야자 키우기]

1 **야자 잎 관리하기**

간혹 인터넷에 떠도는 내용을 보면 야자의 마른 잎을 자르라고 하는데, 정말 위험한 행동입니다. 야자는 잎을 자르면 상처 난 부분을 치료하기 위해 온 에너지를 한 곳에만 집중시킵니다. 그러면 성장 속도가 더뎌지거나 아예 자라지 않습니다. 특히 새로 난 어린잎이나 가지를 자르면 그 결과는 더 치명적이기 때문에 되도록 잎과 줄기는 자르지 않는 것이 좋습니다. 마른 증상이 심각하다면 잎 전체를 떼어내길 권합니다.

2 **새잎**

잘린 것처럼 보이는 부분이 새로 난 잎입니다. 꼬챙이처럼 생긴 잎이 나와 기존에 있던 잎처럼 펴지기까지 몇 주가 걸릴 수도 있습니다. 새잎은 가장 크고 높게 자랍니다.

WEEK 3

SUCCULENT & CACTUS

누구나 한 번쯤 키워본
다육식물과 선인장

다육식물은 '다육이'라는 귀여운 이름으로 우리에게 익숙한 식물이죠. 다육식물은 비가 거의 내리지 않는 건조한 기후나 사막에 적응하기 위해 잎, 줄기, 뿌리 등에 물을 저장할 수 있는 조직을 가진 식물을 말합니다. 낮에는 수분 증발을 막기 위해 기공을 닫았다가 밤에 열어 광합성을 하기 때문에 다른 종에 비해 성장 속도가 느립니다. 에너지 활동을 천천히 한다는 얘기지요. 대개 다육식물을 키우는 이유가 관리하기 쉽고 죽지 않기 때문이지만 사실 에너지 활동이 느려서 죽는 과정도 천천히 진행될 뿐이에요. 관리를 하지 않는데도 잘 사는 식물은 존재하지 않습니다. 다른 식물처럼 다육식물에게도 관심과 사랑을 주며 세심히 관리해야 합니다.

다육식물과 선인장은 같은 걸까?

선인장은 수많은 다육식물 중 하나입니다. 하지만 다육식물이 모두 선인장은 아니지요. 선인장도 아니고 다육식물도 아니지만 몸속에 물을 저장하여 조금씩 쓰는 '다육 성질'을 지닌 식물도 있습니다. 예를 들면 크로시아 같은 잎이 두꺼운 식물입니다. 대부분의 다육식물은 아프리카나 인도 등 열대 지역 중에서도 우기와 건기가 뚜렷한 곳에 삽니다. 반면 선인장은 아메리카 대륙의 사막에서 주로 자랍니다. 선인장 잎은 가시처럼 생겼는데 건조한 기후에서 살아남으려고 퇴화된 것이랍니다.

Step 1

이름표 쓰기부터 시작하는 다육식물 관리법

다육식물은 200속 이상, 15,000종이 있고 선인장도 5,000종이 넘습니다. 종류에 따라 물을 좋아하거나 싫어하고, 강한 햇빛을 좋아하거나 싫어합니다. 비슷하게 생겨서 구분하기도 쉽지 않아요. 다육식물을 잘 키우는 방법은 살 때 이름을 잘 적어두는 것입니다. 어떤 특징을 지닌 다육식물인지 먼저 알아야 하거든요.

다육식물을 구입하면 화분에 이름을 적어두고 속의 특징과 키울 때 주의할 점을 알아두세요.

햇빛은 가능한 많이

다육식물은 1년 내내 많은 햇빛을 받고 자랍니다. 집에서 키울 때는 해가 많이 드는 곳에 적어도 3~4시간 두는 것이 좋습니다. 자외선이 차단되지 않도록 창을 열면 더 좋아요. 다른 식물과 마찬가지로 성장하는 데 가장 중요한 것은 햇빛입니다. 집에서 해가 많은 드는 곳에 대한 기준은 사람마다 다른데, 해가 직접 들어오는 창문 바로 옆 정도는 되어야 해가 많이 든다고 얘기할 수 있습니다. 간접적으로 비추는 해가 아니에요. 이마저도 다육식물에게는 충분하지 않아서 웃자랄 수도 있습니다.

웃자라면 잎과 잎 사이가 멀어서 가지가 하늘하늘하고, 잎 머리 부분이 뾰족하고 가늘어요. 어떤 다육식물은 햇빛이 모자라면 수분과 영양분을 저장만 해둔 채 극도로 천천히 자라기도 합니다. 덩치가 큰 선인장은 1~2년이 지나도 처음 모습 그대로여서 키우는 재미를 찾기 어렵죠. 그러다 보면 관심이 멀어져 결국 말라 죽는 경우가 많습니다.

반대로 햇빛이 너무 강해도 다육식물에게 해가 될 수 있습니다. 하루 종일 고온의 직사광선에 노출되면 화상을 입어 타버리기도 합니다. 몇몇 종류의 다육식물은 기온이 40°C 이상 올라가면 성장을 멈추고 휴면기에 들어가기도 합니다. 햇빛이 강한 여름에는 직사광선을 피해 통풍을 시켜주면서 온도를 조절해주세요.

• 흑법사는 해를 많이 볼수록 잎이 검붉게 물듭니다. 햇빛이 모자라면 중간부터 초록색으로 변하고 잎이 떨어집니다.

물은 이렇게 주세요

건조한 지역에서 자라는 다육식물은 비가 한 번 내릴 때마다 뿌리와 잎에 빗물을 가득 저장해 둡니다. 그리고 필요한 만큼만 최소한으로 물을 쓰면서 뜨거운 날을 버팁니다. 그래서 건조한 환경에서도 잘 적응할 수 있어요. 하지만 이런 다육식물도 성장기에는 물을 소비하는 속도가 빨라집니다.

다육식물을 키울 때는 이러한 환경을 생각하며 물을 줘야 합니다. 가장 중요한 것은 한 번 줄 때 뿌리가 충분히 젖을 만큼 주는 것입니다. 뿌리가 물을 흡수해서 몸속에 물을 가득 저장할 수 있도록 충분히 준 후에 햇빛이 많이 드는 곳에 두어 뿌리에 남은 물이 빨리 건조될 수 있도록 합니다.

물을 자주 주지 마세요

1주 차에서 배운 물 주기의 기본, '겉흙이 마르면 충분히'는 다육식물에게 해당되지 않습니다. 흙이 말라도 몸속에 물이 있기 때문에 겉흙이 완전히, 바짝 마르고 난 후에 물을 주세요. 다른 식물보다 물을 줘야 하는 주기가 현격히 깁니다.

소송록은 다육식물이지만 물을 매우 좋아하는 종입니다. 물이 모자라면 꽃처럼 생긴 잎을 오므립니다.

화분 속에 물이 고이지 않게 하세요

다육식물의 뿌리는 너무 오랫동안 물에 젖어 있으면 썩어버립니다. 배수가 잘되는 마사토에 심어야 하는 것은 물론, 뿌리가 물을 빨아들이고 난 후 남은 물은 화분 밖으로 쉽게 나갈 수 있게 하는 것이 좋습니다. 요즘 다육식물을 구멍이 없는 캔이나 비커에 심어 인테리어용으로 두기도 하는데, 이 경우 남은 물이 증발할 수 없으므로 물 주기에 특별히 유의해야 합니다.

녹영은 물이 모자라면 동글동글한 콩알처럼 생긴 잎이 콕 누른 것처럼 쪼그라듭니다.

식물이 신호를 보낼 때 물을 주세요

식물에게 '며칠에 한 번 물 주기'라는 규칙은 없습니다. 이럴수록 식물이 보내는 신호에 주의를 기울여야 합니다. **다육식물은 물이 모자라면 온몸으로 신호를 보냅니다.** 대부분의 종은 줄기와 잎에 **주름이 생깁니다.** 목욕탕에 오래 있으면 손가락이 쭈글쭈글해지는 것처럼요. 꽃처럼 생겨 잎이 퍼지는 종은 잎을 웅크립니다. 선인장은 배고플 때 뱃가죽과 등가죽이 달라 붙는 느낌으로 납작해집니다.

물을 충분히 흡수한 선인장은 줄기가 통통합니다.

물이 마르면 몸통이 납작해집니다.

청솔은 물이 부족하면 잎에 주름이 생기고 쪼그라듭니다.

청산호는 잎에 보관했던 물이 마르면 잎 끝에 자글자글한 주름이 생깁니다.

계절별 관리하기

봄과 가을에는 정기적으로 물을 주세요

다른 식물과 마찬가지로 다육식물도 봄과 가을에 폭풍 성장을 합니다. 이때는 물을 정기적으로 주는데, 이때도 겉흙이 완전히 마르고 난 뒤에 주는 것은 똑같습니다. 화분이 작을수록, 해를 많이 받을수록, 통풍이 잘될수록 물을 주는 주기는 짧아집니다.

가을에는 해를 가능한 많이 보여주세요

가을볕을 많이 받은 다육식물이 색깔도 곱게 물듭니다. 일부 종은 봄보다 가을에 더 성장하기도 합니다.

장마철에는 물을 주지 마세요

다육식물을 키울 때, 해와 물 외에도 특별히 신경 써야 할 것이 있습니다. 바로 습도입니다. 우리나라는 장마철에 마치 빗속을 걷는다는 착각이 들 정도로 습도가 높습니다. 다육식물에게는 가장 힘든 시기죠. 습도가 높아지면 무름병이 생길 가능성이 높습니다. 갑자기 잎이 후드득 떨어지면 무름병을 의심해야 합니다. 다육식물은 뿌리로만 물을 마시는 것이 아니라 잎과 줄기로도 공기 중의 수분을 먹기 때문에 장마철에는 이미 과습 상태입니다. 비가 자주 오는 시기에는 물 주기를 완전히 멈춰주세요.

봄과 가을에 햇빛을 많이 받을수록 색이 곱게 물듭니다.

여름, 겨울 휴면기를 확인하세요

날씨가 너무 뜨겁거나 추울 때, 다육식물은 에너지 활동을 줄이고 휴면에 들어가기도 합니다. 이때는 물을 완전히 끊어야 합니다. 겨울잠을 자느라 물을 소비하지 못하는 동안 물이 얼어버려 동사할 수도 있고, 물 때문에 잠을 깨면 이미 소화하기 어려울 정도로 물이 차 있어 죽을 수도 있기 때문입니다. 대부분의 선인장은 겨울에 휴면을 하고 세무리아 같은 다육식물은 여름에 휴면합니다. 따라서 **다육식물을 살 때는 반드시 이름을 알아두고 휴면 특성이 어떤지 기억하세요.**

월토이
월토이나 세무리아(선인무)처럼 잎에 털이 보송보송하게 난 종이 여름 휴면형입니다.

세무리아

Step 2

다양한 매력의 다육식물 종류

다육식물은 아프리카와 아메리카 대륙에서 오랜 시간 진화를 거듭하며 형태가 변형되었습니다. 서로 비슷한 진화 과정을 거친 속은 사촌처럼 유사한 특징을 지니고 있습니다. 가정집에서 많이 키우는 다육식물 속을 소개합니다.

케팔로필룸 Cephalophyllum
대표 종류 신월, 오십령옥

석류풀과에 속하는 다육식물입니다. 잎이 짧고 통통하고 귀여운 모양으로 초여름에 꽃이 핍니다.

칼랑코에 Kalanchoe
대표 종류 당인, 세무리아, 선녀무, 월토이

'최초로 우주로 보내진 식물'이라는 타이틀이 붙은 칼랑코에 중에는 예쁜 꽃을 피우는 품종이 많습니다. 다른 속에 비해 잎이 비교적 얇고 넓적하게 자라는 것이 특징입니다. 햇빛을 많이 받을수록 색이 예쁘게 듭니다.

유포르비아 Euphorbia
대표 종류 홍채각, 꽃기린, 청산호

대부분의 품종이 독성을 지니고 있습니다. 특히 수액이 눈에 들어가지 않도록 조심합니다. 더위에 약해 여름에는 가지치기나 분갈이를 피하는 것이 좋습니다.

세덤 Sedum
대표 종류 청옥, 청솔, 소송록, 홍옥

종류가 무척 다양하고 잎 모양과 색도 각양각색입니다. 돌나물과에 속하는 세덤은 품종 자체가 튼튼하기 때문에 키우기가 크게 어렵지 않지만, 워낙 햇빛과 바람을 좋아하니 베란다에서 키우면 좋습니다. 잎꽂이나 꺾꽂이로도 충분히 번식이 가능하며 초보자도 쉽고 건강하게 키울 수 있습니다.

칵투스 Cactus
대표 종류 귀면각, 용신목

선인장과 식물에는 대개 가시가 있습니다. 건조한 기후에서 몸을 보호하기 위해 잎이 퇴화한 형태입니다. 더위와 추위에 약해 계절별 관리가 필요합니다.

에케베리아 Echeveria
대표 종류 캉캉, 로라, 입전

전 세계에서 가장 많이 재배되는 대표적인 다육식물로, 만개한 꽃처럼 잎이 퍼져 있습니다. 잎꽂이하기에 딱 좋은 품종입니다. 과습에 특히 주의해야 하며 햇빛이 부족하면 잎 색이 연해지고 웃자라 전체적인 형태가 망가지기 쉽습니다.

아에오니움 Aeonium
대표 종류 흑법사, 유접곡

햇빛을 좋아하지만 강한 직사광선을 받으면 오히려 잎이 바싹바싹 마르므로 약간 차광된 곳에서 키우면 좋습니다. 꽃이 피면 그 줄기는 자연스레 시듭니다. 번식은 잎꽂이로 안 되고 꺾꽂이로 할 수 있습니다.

크라슐라 Crassula

대표 종류 염좌, 우주목, 녹탑, 라디칸스

아주 흔한 품종으로 어느 집에나 하나씩 있을 정도입니다. 크라슐라는 물을 저장하는 능력이 뛰어납니다. 따라서 물을 적게 줘도 되고, 더운 여름과 겨울에는 아예 주지 않아도 됩니다.

두들레아 Dudleya

대표 종류 그리니, 노마

두들레아의 인기 비결은 잎 전체에 뽀얗게 내려앉은 하얀 파우더입니다. 겨울 여왕 느낌이 드는 이 다육식물은 성장기도 겨울입니다. 잎꽂이가 되지 않고 번식이 어려워 몸값이 높습니다.

알로에 Aloe

대표 종류 알로에베라

식용과 약용으로 많이 쓰입니다. 생명력이 강하여 잘라낸 잎을 일주일 이상 지난 다음에 심어도 뿌리가 자랍니다. 그늘에 두었다가 갑자기 볕이 드는 곳으로 옮기면 색이 변하는데, 일시적인 현상입니다.

틸란드시아 Tillandsia

대표 종류 불보사, 이오난사

에어플랜트 air plant로 불리는 틸란드시아는 종류에 따라 바위 위에서 곧게 자라거나 모래 위를 굴러다니면서 자라기도 합니다. 뿌리가 있지만 착생하는 데 필요할 뿐이므로 모두 잘라내도 상관없습니다. 잎에 있는 미세한 솜털을 이용하여 공기 중에 떠다니는 수분과 영양을 흡수합니다.

Step 3

다육식물 전용 도구와 흙

다육식물은 다른 식물에 비해 크기가 작고 배수가 중요합니다. 따라서 다육식물을 심으려면 조금 더 세심한 작업을 할 수 있는 도구와 배수가 잘되는 흙을 준비해야 합니다. 흙의 비율도 다른 식물과 차이가 나므로 심기 전에 꼭 확인해주세요.

(1) (2) (3) (4) (5) (6)

핀셋⁽⁴⁾은 작은 다육식물을 집거나 가시가 있는 선인장을 잡을 때 사용합니다. 앞이 뾰족한 모종삽⁽²⁾과 숟가락⁽³⁾을 이용해서 작은 화분에 흙을 꼼꼼하게 채워 넣습니다. 솔⁽⁶⁾은 다육식물 본체에 묻은 흙을 털 때나 주변을 정리할 때 필요합니다.

(7)

(8)

(9)

관엽식물과 마찬가지로 배수층에는 난석⁽⁸⁾을 사용합니다. 입자가 큰 난석 사이사이로 물이 흘러 배수가 잘됩니다. 흙은 마사토⁽⁷⁾와 상토⁽⁹⁾(배합토)를 7:3 비율로 섞어 사용합니다. 뿌리 상태에 따라 성장이 필요한 경우 상토 비율을 더 늘려주세요.

Step 4

작은 다육식물 심기

만세선인장

학명	Consolea rubescens Lemaire
영명	Road kill cactus
과	돌나물과
속	세덤 속
원산지	카리브해의 버진아일랜드, 푸에르토리코
해	양지
물	봄, 가을에는 물을 충분히 주세요. 흙이 충분히 마를 수 있도록 간격을 두고 물을 줍니다.
온도	최저 5~8℃, 겨울은 휴면기입니다.

우리나라에서는 만세선인장이 작은 선인장처럼 보이지만 원산지인 중남미에서는 아랫부분이 갈색을 띠고 6m까지 자란다고 합니다. 마치 갈색 기둥에 초록 잎이 자라는 나무처럼 생겼어요. 만화에서는 차에 깔린 주인공이 납작해진 상태로 일어서는 장면을 많이 볼 수 있는데, 만세선인장도 이런 모양을 닮아 '로드킬 선인장'이라고도 부릅니다. 그리 유쾌한 이름은 아니지만 잎에 새겨진 다이아몬드 패턴을 보니 타이어 자국 같기도 합니다.

선인장이지만 가시가 없어 아이가 있는 집에서도 환영받는 식물입니다. 가지를 자르면 단면에서 새로운 잎이 또 나와 두 팔을 번쩍 벌린 모습이라고 해서 만세선인장이라고 부릅니다. 생명력이 좋고 관리도 쉬운데다 6~8월에는 노란색 꽃이 피는 귀여운 선인장입니다.

[만세선인장 심기]

1 식물을 넣었을 때 비례와 디자인이 어떨지 가늠하여 화분을 결정합니다. 화분 놓을 곳 주변의 가구와 소품을 생각하며 정하기도 합니다. 정해진 원칙은 없으니 취향대로 골라보세요.

2 플라스틱 화분에서 식물을 뺄 때는 식물의 가운데 부분을 잡고 화분 아랫부분을 누르면 쉽게 빠집니다.

3 이 선인장은 다른 선인장의 가지를 잘라 번식시킨 모양입니다. 뿌리를 쉽게 내리게 하려고 상토만 사용했는데, 이대로 놔두면 흙이 물을 머금고 있는 시간이 길어져 과습이 될 수 있습니다. 뿌리가 잘 자리 잡았으니 핀셋으로 부드럽게 흙을 털어줍니다. 세게 털어내면 뿌리에 스트레스를 줄 수 있습니다.

4 화분망을 잘라 배수 구멍 위에 올립니다.

5 배수가 잘되도록 난석을 먼저 깔아줍니다.

6 마사토와 상토를 7:3 또는 8:2 비율로 섞어줍니다.

7 화분에 선인장을 넣어보고 높이를 가늠한 후 화분 아래쪽에 흙을 채워줍니다.

8 선인장이 화분 가운데에 오도록 넣어줍니다. 앞은 물론 옆에서 봤을 때도 가운데에 오는지 확인해주세요.

9 회전판을 돌려가며 흙을 골고루 채워줍니다. 선인장이 기울지 않도록 사방을 살펴보면서 흙을 넣습니다.

10 흙을 소복이 채우고 난 후 끝이 좁은 모종삽으로 화분과 흙의 경계 부분을 다집니다. 흙 사이사이에 공기층이 많기 때문에 이를 없애주는 과정입니다.

11 멀칭과 장식하기 단계입니다. 식물, 화분, 놓은 곳의 분위기 등을 고려해 마감재를 정하고 장식품을 더해줍니다.

[만세선인장 키우기]

선인장 자구꽂이

1 선인장을 키우다보면 모양이 예쁘지 않게 뻗어 자라기도 합니다. 이럴 땐 자구(본 줄기에서 자란 작은 줄기)를 잘라 모양을 다듬을 수 있습니다.

2 양쪽에 자란 자구 아랫부분을 핀셋으로 잡고 뒤로 꾹 눌러주면 쉽게 떨어집니다.

3 새 자구가 자랄 수 있게 윗부분을 가로로 약간 잘라냅니다.

4 드러난 부분을 흙에 바로 꽂으면 균이 생길 수 있기 때문에 1~2주 정도 그늘에서 말려줍니다.

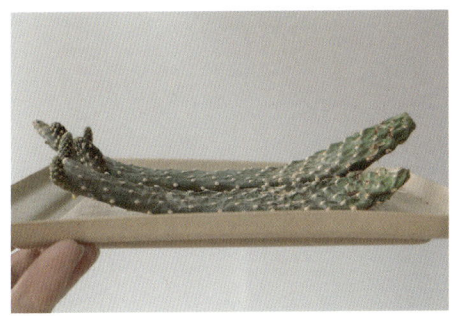

※ 사진처럼 가시가 돋을 정도로 바짝 마르지 않도록 주의하세요.

5 화분에 심고 물을 주면 다시 살아납니다. 처음 자구를 잘라낸 만세선인장과 윗부분을 잘라낸 자구에서 또 다른 자구가 자랍니다.

을녀심

학명	*Sedum pachyphyllum Rose*
영명	Jelly bean plant
과	돌나물과
속	세덤 속
원산지	멕시코

해	양지
물	봄, 가을에는 물을 충분히 주세요. 흙이 충분히 마를 수 있도록 간격을 두고 물을 줍니다.
온도	최저 5℃, 겨울은 휴면기입니다.

잎이 젤리빈처럼 생겨 젤리빈 플랜트jelly bean plant로 불리고, 여름에는 잎 끝이 빨간색으로 물들어 포크 앤 빈 플랜트pork and bean plant라고도 불립니다. 북반구의 온난한 기후에서 자라는 을녀심은 6~8월에 노란색 꽃을 피우기도 하며, 400종 이상이나 될 만큼 형태도 다양합니다. 위로 자라기도 하지만 옆으로 기어가듯이 자라기도 하고, 줄기가 아래로 길게 뻗었다가 다시 위로 자라기도 합니다. 저마다 자라는 모양이 달라 을녀심만으로도 다양한 연출을 할 수 있습니다.

[을녀심 심기]

1   화분망으로 배수 구멍을 막아줍니다.

2   화분의 제일 아랫부분에 난석을 깔아 배수층을 만들어 줍니다. 배수 구멍을 막을 정도로 넣습니다.

3   마사토와 상토를 7:3 비율로 섞어줍니다.

4   시든 잎은 핀셋으로 집어 떼어냅니다.

5 한 손으로 줄기를 잡고 한 손은 플라스틱 화분의 아랫부분을 살짝 눌러 식물을 빼냅니다. 오래된 흙을 살살 털어냅니다. 흙이 보송보송하게 말라 있어서 뿌리가 쉽게 드러납니다. 뿌리가 상할 수 있으니 너무 심하게 다루지 마세요.

6 식물을 화분에 넣고 높이와 위치를 맞춘 후 흙을 채워줍니다.

7 공기층이 빠질 수 있게 나무 막대나 작은 삽을 이용하여 흙 사이사이를 콕콕 다져줍니다.

8 마감석으로 장식합니다. 물은 바로 주지 말고 1~2주 후에 줍니다.

[을녀심 키우기]

잎꽂이

1. 건강한 잎을 골라 핀셋으로 깔끔하게 떼어냅니다. 마사토 위에 떼어낸 잎의 오목한 부분이 위로 향하도록 올려놓습니다.

2. 2~3주가 지나면 작은 뿌리가 돋고 그 위로 작은 개체가 생깁니다.

3. 모체가 되는 잎의 영양분을 흡수하며 자라기 때문에 이 기간에는 물을 주지 않아도 됩니다.

4. 3~6개월 정도 지난 모습입니다.

5. 마사토와 상토를 8:2 또는 7:3 비율로 섞습니다.

6. 과정 4의 완전히 마른 잎을 톡 떨어트린 후 작은 화분에 옮겨 심습니다. 작은 분무기로 물을 곱게 분사합니다.

꺾꽂이

너무 길거나 자라는 모양을 바꾸고 싶을 때

1. 원하는 모양보다 길게 잘라줍니다. 너무 길 때는 원하는 만큼 잘라도 괜찮습니다.
2. 잘린 부분을 1~2주 말려줍니다. 병에 꽂아서 말리면 꼬부라지지 않고 곧게 마릅니다.
3. 원래 줄기에서는 눈 자리에 1~2개의 새로운 개체가 생깁니다. 말려둔 줄기에 뿌리가 생기면 흙에 심어줍니다.

웃자란 모양을 다듬을 때

1. 햇빛을 덜 받아 웃자란 모양입니다. 웃자란 부분을 잘라 다시 예쁘게 키워봅시다.
2. 잘린 단면이 굳고 나면 새로운 개체가 생깁니다.
3. 어린 개체들이 점점 커지면서 모양을 갖춰갑니다.

상처가 났을 때

1. 선인장의 아랫부분이 물컹할 때는 무름병일 수도 있습니다. 이 부분을 잘라냅니다.
2. 무름병이 온 밑부분과 흙을 모두 버리고 화분도 소독해주세요. 윗부분은 1~2주간 말려 뿌리가 자라기를 기다립니다.
3. 뿌리가 생기면 새 흙에 심어줍니다.

물꽂이

잎이 긴 다육식물은 떨어진 잎을 물에 꽂아두세요. 살기 위해 뿌리를 내리는 모습이 신기합니다.

접붙이기

다른 종류의 선인장이 서로 붙어 마치 하나처럼 자라기도 합니다. 사진은 기둥선인장 윗부분을 잘라 부채형 선인장이나 구형 선인장을 얹어 접붙이기 한 모양입니다.

Step 5
큰 다육식물 심기

대경

학명	*Opuntia ficus-indica*
영명	Barbary fig
과	선인장과
속	선인장 속
원산지	멕시코
해	양지
물	한 달에 한 번 주세요.
온도	10℃ 이상, 겨울은 휴면기입니다.

선인장은 모양에 따라 동글동글한 구형 선인장, 길쭉하게 생긴 기둥형 선인장, 넓적하게 생긴 부채형 선인장으로 나뉩니다. 부채형 선인장은 손바닥처럼 생겼다고 해서 손바닥 선인장이라고도 합니다. 제주도에서 자생하는 선인장인 백년초를 비롯해 제주도 외 지역에서 자라는 천년초, 보검선인장 등이 부채형 선인장입니다.

 이번에 심을 대경도 부채형 선인장입니다. 큰 거울처럼 생겼다고 해서 붙여진 이름이며 동글동글한 모양에 머리 위로 귀여운 귀 같은 자구가 달렸습니다. 큼직하면서도 귀여운 선인장입니다.

[대경 심기]

1 도구를 준비합니다. 화분은 기존 플라스틱 화분보다 살짝 큰 사이즈로 준비합니다.

2 마사토와 상토, 난석을 준비합니다.

3 가시가 있는 선인장을 옮길 때는 고무 처리가 된 두꺼운 장갑을 끼고 스티로폼이나 보양지로 선인장을 잘 감싼 후 잡아줍니다.

4 한 손으로 식물을 잡고 고무망치로 화분 위쪽 테두리 부분을 가볍게 내려치면 흙과 화분이 깨끗이 분리됩니다.

5 화분에 스티로폼을 넣어두는 이유는 뿌리가 잘 뻗을 수 있도록 하거나 과습을 피하기 위해서입니다.

6 스티로폼을 제거하고 오래된 흙을 살짝 털어줍니다.

7 화분에 화분망을 넣어 배수 구멍을 막고, 난석을 2cm 정도 깔아 배수층을 만듭니다.

8 마사토와 상토는 7:3 또는 8:2 비율로 섞어줍니다.

9 선인장을 화분에 넣어 높이를 보면서 흙을 채워줍니다.

10 선인장의 높이가 적당한지, 중앙에 심겼는지 보면서 가장자리에 흙을 잘 채워줍니다.

11 마사토는 입자가 굵어 사이사이에 공간이 생길 수 있습니다. 끝이 뾰족한 삽으로 깊숙이 찔러가며 흙을 다집니다.

12 흙이 평평해지도록 화분을 탁탁 쳐줍니다. 남아 있던 빈 공간에 흙이 꼼꼼하게 채워집니다.

13 화분의 앞모습도 중요하지만 옆에서 봤을 때도 선인장이 가운데에 있어야 합니다. 사방을 잘 둘러봅니다.

14 화분과 비슷한 색깔의 세척마사토로 멀칭합니다. 아래쪽 흙이 보이지 않게 1cm 정도 깔아줍니다.

15 작은 솔로 선인장에 붙은 먼지를 털어내고, 에그스톤과 피규어로 장식합니다.

에어플랜트 air plant

에어플랜트는 우리말로 공중식물 또는 공기식물로 부릅니다. 흙이 없어도 자라며 식물 자체로 공중에 매달 수 있는 종류를 통칭합니다. 흔히 행잉플랜트 hanging plant 라고도 부르는데, 사실 행잉플랜트는 에어플랜트뿐만 아니라 화분에 심은 식물을 걸어놓은 것도 포함하므로 의미가 조금 다릅니다. 에어플랜트에 속하는 식물들은 다육식물과 마찬가지로 좁은 공간에서 키우기 좋고, 건조에 강해 물을 많이 먹지 않아 비교적 관리하기 쉽습니다. 원산지인 멕시코를 비롯해 중남미 지역에서는 에어플랜트가 전깃줄에 걸려 있는 모습도 흔히 볼 수 있습니다. 에어플랜트 특성을 활용해 다양한 인테리어 장식을 만들어보세요. 줄을 매달아 창가에 걸어두거나 나뭇가지, 돌에 붙여 오브제로 연출하세요.

해 밝은 해가 좋습니다.
물 비가 올 때 집 밖에 놓고 흠뻑 적시는 것이 가장 좋습니다.
    또는 1~2주에 한 번씩 물에 푹 담갔다 탈탈 털어주세요. 물이 고여 있으면 썩을 수 있습니다.

립살리스

길쭉하고 통통한 잎이 매력인 립살리스는 주로 나뭇가지나 바위에 붙어 자랍니다. 원산지는 멕시코이며, 어느 속으로 분류되는지는 최근까지 혼란을 겪었지만 착생 선인장 속으로 보면 됩니다. 창가나 좁은 공간에 걸어두면 파릇파릇한 생기를 불어넣어주는 인테리어 아이템입니다. 흰색이나 분홍색의 작은 물방울처럼 생긴 꽃이 피기도 합니다.

다육식물 화분 고르는 팁

홈가드닝에서 가장 어려운 부분 중 하나는 식물과 화분을 매칭하는 일입니다. 식물을 어떤 화분에 심느냐에 따라 분위기는 완전히 달라질 수 있습니다. 키우는 다육식물 중에 너무 전형적이고 밋밋해 보이는 식물이 있다면 새로운 느낌으로 바꿔 심어봅시다.

　오른쪽 사진은 흑법사와 청솔입니다. 수형만 봐도 오래 산 식물이란 게 느껴집니다. 그래서인지 사진(1)을 보면 매우 나이 들어 보이는 옷을 입고 있습니다. 사진(2)와 같이 심플하고 모던한 화분으로 옮겨 분위기를 바꿔봅시다.

오랜 시간 해가 드는 방향으로 자란 다육식물입니다.
모던한 디자인의 화분에 심으면 분재 같은 느낌이 납니다.

(1)

화분을 옮겨 심는 것만으로도
식물의 분위기가 달라집니다.

(2)

흑법사

속	에오니움 속
원산지	카나리제도, 모로코
해	햇빛을 많이 볼수록 검붉은 색이 진해집니다.
물	흙이 완전히 마르면 주세요.
온도	10℃ 이상, 여름이 휴면기입니다.

청솔

속	세덤 속
원산지	멕시코
해	양지
물	흙이 완전히 마르면 주세요.
온도	1℃ 이상, 겨울이 휴면기이고, 봄에서 가을 사이에 성장합니다.

많은 사람이 식물에 관심을 가지게 되는 최초의 유혹은 아마도 허브일 거예요. 충동적으로 사온 허브를 죽인 후에 '나는 식물을 못 키우는구나' 하고 좌절하는 분도 많을 겁니다. 저도 그랬거든요. 처음에는 민트를 키워서 모히토를 만들겠다는 계획으로 시작했습니다. 네, 한 잔도 못 마셨습니다. 이유는 간단합니다. 키울 수 있는 환경이 아닌데 사다 놓고 물을 어떻게 줘야 하는지도 몰랐기 때문입니다. 허브는 해와 바람을 아주 좋아하는 식물입니다. 대부분의 허브는 지중해가 원산지로, 여름에는 고온 건조하고 겨울에는 온난 다습하며 배수가 잘되는 땅에서 잘 자랍니다. 이런 환경에 적합한 허브를 주방에서 키우니 햇빛은 모자라고, 물을 자주 주니 과습이 되고, 환풍이 안되니 진드기도 생기고…. 총체적 난국이었던 거죠. 여러분이 같은 실수를 하지 않도록 허브 키우는 방법을 하나씩 짚어보겠습니다.

WEEK 4

HERB

모두가 꿈꿔온 로망,
허브

Step 1
허브 키우기의 필수 조건

허브는 해와 바람이 많이 드는 곳에서 키워야 하는 대표적인 식물입니다. 허브의 원산지는 대부분 지중해 연안입니다. 이 지역의 기후를 보면 여름에는 아열대 고기압의 영향을 받아 매우 건조하고 더운 날씨가 지속되는 반면, 겨울에는 편서풍의 영향을 받아 비교적 온난하고 비가 자주 내립니다. 그래서 우리나라에서는 허브가 겨울을 나기 어려울 수 있습니다. 허브를 잘 키우려면 해가 잘 들고 배수가 잘되는 마당에 심는 것이 가장 좋습니다.

실내에서 허브 키우기

실내에서 허브를 키운다면 해가 가장 많이 드는 곳, 즉 베란다나 남향의 창 앞에 두고 창문도 자주 열어 환기해주세요. 집에 해가 적게 든다면 식물 성장용 전등(19쪽 참고)을 설치하길 권합니다.

허브의 겨울나기

허브를 키우기로 마음먹었다면 한해살이인지 여러해살이인지, 내가 사는 지역에서 노지 월동(외부 월동)이 되는지를 특히 눈여겨보세요. 월동이 된다는 것은 겨울 동안 온전한 모습으로 유지되거나 잎은 모두 떨어지고 말라도 뿌리가 살아 있어 내년에 새로운 잎을 틔울 수 있는 상태를 말합니다. 허브는 햇빛을 많이 받아야 하는 식물이라 베란다나 마당에서 많이 키울 텐데, 겨울이 오면 어떤 허브를 따뜻한 곳으로 옮겨야 하는지, 그대로 외부에 둬도 되는지 등을 판단해야 하므로 노지 월동 여부는 매우 중요한 포인트가 됩니다. 특히 저처럼 작은 집에 살 경우에는요.

마당이 없더라도 옥상을 활용할 수 있다면 예쁜 허브 정원을 만들 수 있습니다. 욕조를 개조해 큰 화분으로 만들고 겨울을 잘 나는 차이브, 타임, 민트와 한해살이인 세이지, 바질, 라벤더를 심었습니다. 한해살이 허브는 매년 봄에 새로 심습니다.

Step 2
계절별 물 주기 방법

허브는 해가 많이 들고 배수가 좋은 환경에서 자라다보니 물도 빨리 마릅니다. 그래서 물을 자주 주는 것처럼 느껴지지만 허브가 물을 좋아하는 건 아닙니다. 차라리 살짝 건조한 편이 더 좋습니다. 허브는 과습에 약하므로 흙이 완전히 마르기 전에는 물을 주지 않아야 합니다. 흙이 덜 말랐는데 물을 계속 주면 뿌리가 숨을 쉬지 못해 썩어버리고 잎과 줄기가 물컹해질 거예요. 흙이 보송보송하게 말랐다가 흠뻑 젖는 과정을 반복하는 것이 가장 좋습니다.

봄과 가을

봄과 가을은 허브가 폭풍 성장을 하는 시기입니다. 겉흙이 마르면 뿌리 밑부분까지 물을 먹을 수 있도록 물을 흠뻑 주세요. 물을 정기적으로 주고 비가 내리는 것처럼 흙이 서서히 젖도록 줘야 합니다. 허브에 꽃이 피었다면 꽃이 뭉개지지 않도록 손으로 허브를 젖히고 흙에 물을 주세요.

여름

햇빛이 강한 여름에는 흙이 금방 말라버립니다. 바짝 마른 흙과 화분 사이에 틈이 생기는데 이때 물을 잘못 주면 틈새로 물이 그냥 흘러버립니다. 천천히 흙 속까지 젖을 수 있도록 물을 주는 것이 중요합니다. 너무 더운 시간에는 물을 주지 마세요. 잎이 탈 수도 있어요. 해가 뜨기 전에 주는 것이 가장 좋습니다. 한여름에는 아침에 한 번, 저녁에 한 번, 이렇게 하루에 두 번 주는 게 좋습니다. 너무 뜨거운 날엔 낮에 식물이 바싹 말라버릴 수도 있는데, 너무 말랐다 싶으면 마른 부분만 살짝 자르고 물을 주세요. 뿌리는 쉽게 죽지 않습니다. 다시 살릴 수 있습니다. 여름 장마철은 모든 식물이 힘들어하는 시기입니다. 무름병, 곰팡이병 등 각종 병충해를 입을 수 있으니 반드시 적절하게 환기해줘야 합니다. 장마가 지난 후에는 병충해 약을 뿌리는 것도 좋습니다.

겨울

월동하지 못하는 허브를 집 안으로 들여야 하는 시기입니다. 외부에서 월동하는 허브는 비와 눈을 맞는 것만으로도 충분해서 따로 물을 주지 않아도 됩니다. 내부로 들여온 화분에는 흙이 충분히 말랐을 때 물을 주세요. 그 주기는 봄가을에 비하면 한참 벌어지지만 물 주기를 잊으면 안 됩니다. 따뜻한 날, 가장 따뜻한 시간대에 미지근한 물을 주세요. 밤에 물을 주면 허브가 얼어버릴 수도 있습니다.

바질과 민트 잎을 수확할 때는 줄기까지 잘라주세요. 나중에 허브가 더 풍성하게 자랍니다.

겨울에 흙 위쪽으로 자란 민트의 잎과 줄기는 마르지만, 뿌리는 내내 살아 있어 옆쪽으로 길게 자랍니다. 봄이 되면 마디마다 새 줄기를 내어 화단이 풍성해져요.

Step 3

허브의 종류

허브는 잎, 줄기, 뿌리, 꽃, 씨 등이 주로 식용, 약용, 향료로 사용됩니다. 잎은 식용과 약용으로 사용되고, 씨앗과 열매는 향료로 사용되는 경우가 많습니다. 채소 중에서 깻잎, 파, 마늘, 고추 등도 허브에 속합니다(모든 채소가 허브는 아닙니다). 허브는 종류가 많지만 그중에서 가장 많이 알려진 것들을 살펴보겠습니다.

민트 Mint

민트는 크게 페퍼민트와 스피어민트로 나뉘고 이 안에 100가지도 넘는 종류가 있습니다. 스피어민트는 주로 요리에 쓰이고, 페퍼민트는 시원한 맛이 더 강해 차나 디저트에 쓰입니다. 애플민트, 파인애플민트 등 과일 향이 나는 민트가 특히 인기가 좋습니다. 추위에도 강해서 특별한 월동 준비를 하지 않아도 전국에서 거뜬히 겨울을 납니다.

바질 Basil

바질은 한해살이식물이고, 우리나라 대부분의 지역에서 월동이 되지 않습니다. 그러니 겨울에 죽은 바질을 살리려고 애쓰지 말고 일 년간 잘 키워 알차게 활용한 다음 내년에 다시 시작합시다. 꽃이 피기 시작하면 잎은 맛없어집니다. 아직 잎을 더 즐겨야겠다면 꽃대가 올라올 때 바로 따주세요. 그럼 잎이 그 영양을 그대로 가지고 있게 됩니다.

타임 Thyme

타임은 요리 데커레이션에도 톡톡히 역할을 하는 허브입니다. 게다가 추운 날씨에 밖에서도, 작은 크기의 화분에서도 월동이 되는 허브라 매년 봄마다 기쁜 마음으로 만날 수 있습니다. 타임은 잎 색깔에 따라 커먼타임, 레몬타임, 실버타임 등이 있습니다. 백리향으로도 불리는 오렌지타임은 옆으로 기어가며 작은 분홍색 꽃을 피웁니다.

오레가노 Oregano

톡 쏘는 박하 향이 좋아서 꽃박하라고 불리기도 합니다. 병충해와 추위에 강해서 키우기 쉽고, 꺾꽂이와 물꽂이로도 번식이 잘되는 생명력이 강한 허브입니다. 향이 좋아 다양한 음식에도 쓰이는데 특히 토마토와 궁합이 좋습니다. 오레가노는 정원에서도, 요리에서도 큰 기쁨을 주는 허브입니다.

스피어민트
레몬타임
오렌지타임
로즈메리(146쪽)
고수
오레가노

세이지 Sage

우리나라에서 사루비아라고 불리는 친숙한 허브입니다. 라틴어로 '건강', '치유하다'라는 뜻을 지닌 'salvus'에서 유래한 이름으로, 여기서 유추할 수 있듯이 약용으로 사용되고 육류와 등 푸른 생선에도 잘 어울립니다. 하지만 효능이나 맛에 상관없이 세이지는 사계절 내내 화려한 꽃을 피우기 때문에 관상용으로도 아주 훌륭합니다. 흔히 볼 수 있는 세이지로는 핫립세이지(체리세이지), 멕시칸세이지 등이 있습니다.

차이브 Chive

마늘, 양파, 파 등이 있는 알륨 속의 식물로 잎 모양도 꽃도 비슷하게 생겼습니다. 하지만 독한 냄새가 아닌 은은한 향을 냅니다. 요리에 쓰면 옅은 향을 더할 수 있습니다. 차이브는 정원 식물로도 매우 적합한 식물입니다. 추위에 강해 전국 어디서나 별다른 월동 준비 없이도 겨울을 납니다. 꽃은 2년생 이후로 피는데, 개화 시기도 길고 생김새도 귀여워요. 파종도 잘되어 씨를 뿌리거나 포기 나누기를 하여 번식시킵니다.

로즈메리(146쪽)

Step 4
허브 심기

로즈메리

학명	*Salvia rosmarinus*	**해**	양지
영명	Rosemary	**물**	과습에 취약합니다.
과	꿀풀과의 여러해살이풀	**온도**	0℃ 이상
원산지	지중해 연안		

로즈메리라는 이름은 라틴어로 '바다marinus의 이슬ros'이라는 뜻의 '로즈마리누스rosmarinus'에서 왔습니다. 기억을 상징해서 무덤에 넣기도 하고, 사랑을 불러온다고 해서 신부의 화관으로도 쓰였습니다.

로즈메리는 여러해살이풀이긴 하지만 제주도와 남부 지방에서는 매년 살아남아도 중부 지방에서는 대부분 노지 월동을 하지 못합니다. 화분에 심었다면 겨울에는 실내로 들여야 살 수 있습니다. 주변 온도가 영하로 떨어지지 않도록 관리하세요. 로즈메리는 향이 좋아 육류나 생선 요리에 많이 사용됩니다. 특히 크리핑 로즈메리는 봄부터 가을까지 계속 꽃이 피니 보기에도 좋고 요리에 활용하기도 좋습니다.

[로즈메리 심기]

1 허브는 역시 토분이 제일 잘 어울리는 것 같아요. 브라운 톤의 토분에 심으면 나중에 화분의 백화 현상으로 내추럴한 느낌이 납니다.

2 플라스틱 화분망을 3×3cm 크기로 잘라 배수 구멍을 가려줍니다.

3 배수층 역할을 할 난석을 1~2cm 정도 넣습니다.

4 상토에 마사토를 20~30% 정도 섞어주세요. 배수가 잘 되도록 하기 위함입니다. 마사토 대신 배수용 펄라이트를 써도 괜찮습니다.

5 부드러운 플라스틱 화분은 아래쪽 부분을 살짝만 눌러도 식물이 잘 빠집니다. 화분의 중간 부분을 마구 누르면 뿌리가 스트레스를 받을 수 있으니 살짝 눌러 빼는 것을 잊지 마세요.

6 로즈메리 뿌리는 가늘고 촘촘하게 흙을 감싸고 있어 무리해서 정리하지 않는 것이 좋습니다.

7 전체적인 높이를 예상하며 3~4cm 정도 흙을 넣어줍니다. 허브를 넣어 마무리했을 때 흙 높이가 화분 높이의 85% 정도만 차면 됩니다.

8 식물을 넣고 가장자리에 흙을 넣어줍니다. 잎에 흙이 묻지 않도록 잎을 살짝 치워가며 흙을 채웁니다.

9 모종이 흔들리지 않도록 손가락을 세워 흙 가장자리를 콕콕 찔러줍니다. 너무 꼭꼭 다지지 않도록 주의하세요.

10 화분을 탁탁 쳐서 흙의 표면을 평평하게 정리합니다.

11 펄라이트가 올라오지 않게 세척마사토를 1~1.5cm 정도 깔아 마감합니다.

12 약한 물줄기로 흙 사이의 공기층이 없어질 정도로 물을 충분히 주고 에그스톤으로 장식합니다.

[로즈메리 키우기]

가지치기

겨울을 잘 나도록 늦가을에는 가지치기를 해주면 좋습니다. 자른 가지는 몇 줄기씩 모아 묶어 그늘에 말리면 그 자체로 훌륭한 방향제가 됩니다.

꺾꽂이

로즈메리 가지를 5~6cm 정도로 잘라 아래쪽 잎은 떼어내고 부드러운 상토에 꽂아보세요. 흙이 마르지 않게 관리하면 금세 새로운 뿌리가 나옵니다.

물꽂이

로즈메리는 물꽂이도 잘됩니다. 작은 유리병에 꽂아두면 예쁜 소품이 됩니다.

라벤더

학명	*Lavandula*	해	양지, 직사광선이 잘 드는 곳이 좋아요.
영명	Lavender	물	과습에 취약합니다.
과	꿀풀과의 여러해살이풀	온도	0℃ 이상
원산지	지중해 연안		

'씻다'라는 뜻의 라틴어 'Lavo'에서 유래한 라벤더는 그윽하고 진한 향기가 좋아 로마 시대부터 입욕제로 사용되었습니다. 향기 외에도 통증 완화, 신경 안정, 방충, 살균 등의 효과가 있어 불면증이나 두통, 신경통 등을 줄이는 데 많이 쓰입니다.

라벤더는 5월 말부터 꽃이 피기 시작해서 거의 첫눈이 올 때까지 피고 지기를 반복합니다. 라벤더는 잘 자라면 90cm까지 크기 때문에 예전에는 울타리를 따라 조경수로도 많이 심었습니다. 그리고 빨래를 이 라벤더 울타리에 널어서 마르는 동안 라벤더 향이 스며들게 했어요. 섬유 유연제처럼 말이죠.

(1) 잉글리시 라벤더 English lavender

'라벤더'하면 떠오르는 대표적인 종류로 추위에 강해 중부지방에서도 월동이 가능합니다.

(2) 프렌치 라벤더 French lavender

토끼 귀처럼 쫑긋한 꽃이 귀여운 라벤더 종류입니다. 꽃은 5월에서 7월까지 피며 영하 10℃ 정도의 추위에도 버티지만 중부지방에서는 겨울을 나기 힘듭니다.

(3) 피나타 라벤더 Pinnata lavender

레이스 라벤더, 스패니시아이 라벤더라고도 불리며 잎과 꽃 모양이 다른 라벤더 종류와 확연히 다릅니다. 봄부터 가을까지 꽃이 계속 피어나 키우는 재미가 쏠쏠합니다. 잎에 비해 꽃대의 길이가 길게 자라 하늘하늘한 느낌이 납니다. 중부지방에서는 월동이 되지 않습니다.

(1) (2)

(3)

[라벤더 심기]

1 잉글리시 라벤더, 프렌치 라벤더, 피나타 라벤더를 섞어 심겠습니다. 잉글리시 라벤더를 뺀 나머지는 노지 월동이 되지 않아 겨울에는 실내에 두어야 합니다.

2 지름 32cm, 높이 20cm의 큰 토분이라 여러 개의 식물을 풍성하게 심기 좋습니다. 배수 구멍은 플라스틱 화분 망이나 넓은 망사로 막아줍니다.

3 난석을 2~3cm 정도 깔아 배수층을 만듭니다. 화분이 깊어서 평소보다 조금 더 깔아도 됩니다. 허브는 배수가 잘되면 좋으니까요.

4 상토에 마사토를 20~30% 정도 섞어 사용합니다. 배수가 원활하게 되도록 하기 위함입니다. 허브 키우기는 처음부터 끝까지 배수입니다.

5 흙을 전체적으로 고르게 넉넉히 깔아줍니다.

6 각각의 라벤더를 어디에 심을지 구상합니다. 뒤쪽에는 보라색 잉글리시 라벤더와 피나타 라벤더를, 앞쪽에는 분홍색과 흰색 프렌치 라벤더를 심어보겠습니다.

7 모종을 뺄 때는 화분 아래쪽 모서리만 쏙 눌러 빼주세요. 가운데 부분을 누르면 뿌리가 상할 수 있습니다.

8 모종마다 높이가 제 각각인 경우 윗면의 높이를 맞춰 심어야 합니다. 키가 낮은 모종을 심을 때는 바닥에 흙을 좀 더 높게 쌓아주세요.

9 식물을 넣고 가장자리에 흙을 넣어줍니다. 잎에 흙이 묻지 않도록 잎을 살짝 치워가며 흙을 채웁니다.

10 모종이 흔들리지 않도록 손가락을 세워 화분 가장자리를 콕콕 찔러줍니다. 너무 꼭꼭 다지지 않도록 주의하세요.

11 펄라이트가 올라오지 않게 세척마사토를 1~1.5cm 정도 깔아 마감합니다.

12 약한 물줄기로 흙 사이의 공기층이 없어질 정도로 물을 충분히 줍니다. 에그스톤 등으로 장식해도 좋아요.

[라벤더 키우기]

꽃이 시들었을 때 | 가지치기

꽃이 시들면 바로 잘라주는 것이 좋습니다. 시든 꽃으로 가는 영양분을 다른 줄기로 보내야 또 꽃이 핍니다. 가을에 꽃이 좋을 때 잘라 그늘에 말리면 예쁜 방향제가 됩니다.

라벤더가 풍성하게 자라려면 가지치기를 해야 합니다. 사진처럼 양쪽에 새잎이 난 중간의 가지를 자르면 새잎이 두 개의 줄기로 자랍니다. 계속 반복하면 한 줄기가 두 줄기로, 두 줄기가 네 줄기로 늘어 풍성해집니다. 다른 식물도 마찬가지로 이렇게 가지치기를 해주면 풍성한 수형을 만들 수 있습니다.

Step 5

미니 허브 정원 만들기

허브는 단일 품목으로 심어도 예쁘지만, 여기서는 여러 허브를 함께 심어 작은 정원을 만들어 보겠습니다. 허브는 큰 화분에 심을수록 좋습니다. 그래야 더 기세 좋게 뻗기 때문입니다. 달리 얘기하면 화분보다는 땅에 심어야 훨씬 잘 자란다는 말이지요.

실제 정원 크기에 비할 수는 없지만 화분을 하나의 정원이라 생각하고 구성합니다. 여러 개의 허브가 시간이 지날수록 점점 자라 어우러질 것을 상상하면서 심는 것이 포인트입니다. 모종을 사오면 각각의 허브가 어느 정도로 자랄지 예상해보고 배치하세요. 처음 보는 모습은 기준이 될 수 없습니다. 곧 키 순서가 뒤바뀔 거니까요.

그림으로 모종이 얼마나 자랄지 예상해봅니다. 체리세이지와 피나타라벤더는 특히 높이 자란다는 것을 기억하세요.

체리세이지　피나타 라벤더　로즈메리　바질　애플민트　커먼타임

[여러 종류의 허브 함께 심기]

1 화분은 최대한 넓은 것으로 준비해주세요. 여기서는 지름 40cm, 깊이 18cm의 토분을 사용하겠습니다. 허브 여러 개를 함께 심을 거라 크면 클수록 좋습니다.

2 바닥에 화분망을 깔아 배수 구멍을 막습니다. 화분이 큰 만큼 화분망도 크면 좋지만, 많은 양의 흙이 눌러 움직이지 못하기 때문에 작아도 괜찮습니다.

3 허브는 배수가 잘되어야 하는 식물이라 배수층을 생략하면 안 됩니다. 중간 크기인 0.8~1cm 굵기의 난석을 두세 겹 정도 깔아줍니다. 여기서는 1.5cm 높이로 깔았습니다.

4 상토와 마사토를 혼합합니다. 상토에는 부엽토뿐 아니라 펄라이트도 들어 있어 그냥 써도 되지만 좀 더 원활한 배수를 위해 마사토를 30% 정도 섞어줍니다.

5 섞은 흙을 화분에 3~4cm 정도 깔아줍니다.

6 모든 허브가 잘 보이도록 위치를 잡아봅니다. 흙을 넣기 전에 위치를 잡아도 되지만 흙을 넣어 바닥이 살짝 올라오면 식물이 잘 보여 위치를 잡기가 좋습니다.

7 모종을 구상한 대로 넣어 심습니다. 모종을 뺄 때는 화분의 아래쪽만 쏙 눌러 빼주세요. 가운데 부분을 누르면 뿌리가 상할 수 있습니다.

8 모종마다 높이가 제각각인 경우 윗면의 높이를 맞춰 심어야 합니다. 키가 낮은 모종을 심을 때는 바닥에 흙을 좀 더 높게 쌓아주세요.

9 키가 큰 체리세이지와 피나타라벤더를 뒤쪽으로 배치하되, 화분의 공간을 최대한 활용하기 위해 가장자리에 붙여 심습니다.

10 모종 사이사이에 흙을 빠짐없이 잘 채웁니다. 놓치기 쉬운 공간이 많고 생각보다 흙이 많이 들어간답니다.

11 멀칭은 토분과 가장 잘 어울리는 마사토로 합니다. 먼저 넣은 흙이 올라오지 않도록 꼼꼼히 채웁니다.

12 에그스톤과 가든픽으로 정원 느낌을 연출해주세요. 장식품 하나만으로도 전혀 다른 느낌을 낼 수 있습니다.

요리 초보자를 위한 간단한 허브 활용 팁

차로 즐기기

주전자에 여러 종류의 허브 잎을 넣고 뜨거운 물만 부어도 간단히 차를 만들 수 있습니다. 이때 스테비아 같은 단맛이 나는 잎을 넣으면 훨씬 맛있는 차가 됩니다. 레몬 버베나, 민트, 세이지 등의 잎을 말리거나 세이지, 라벤더 꽃을 말려 우려내어 마실 수도 있습니다.

허브 얼음 만들기

오레가노, 민트 등의 잎을 베이킹 소다로 잘 씻어 얼음을 얼릴 때 잎을 한 장씩 넣어보세요. 꽃을 넣어도 좋습니다. 향기를 품은 얼음이 됩니다. 허브 얼음에 물이나 사이다만 부어도 요리왕이 됩니다.

고기 구울 때 함께 굽기

로즈메리는 향이 세서 고기를 구울 때 가장 궁합이 잘 맞는 허브입니다. 타임도 마찬가지입니다. 고기, 생선 등 어느 요리에나 잘 어울립니다. 방법은 간단해요. 허브 줄기를 7~10cm 길이로 잘라 고기와 함께 구우면 끝!

허브 오일 만들기

바질은 꽃이 피기 시작하면 잎이 맛없어집니다. 잎을 계속 먹으려면 꽃봉오리가 올라오는 대로 잘라버리세요. 만약 시기를 놓쳤다면 꽃대가 길게 올라올 때까지 두었다가 잘라서 올리브오일을 담은 병 안에 넣어 바질 향이 가득한 오일을 만들어보세요. 먹는 동안 꽃대가 올리브오일보다 올라오면 허브를 빼주세요. 허브 오일은 달걀프라이 같은 간단한 요리나 샐러드, 파스타에 뿌려 먹어도 좋습니다. 허브 잎을 따로 안 넣어도 허브 향이 은은하게 나는 마법이 일어납니다.

PART 2

HOME GARDENING

이제 나의 취미는
홈가드닝

1
식물 킬러에게 추천하는 식물

수경 재배가 가능한 식물들

식물을 키우면서 가장 어려운 점은 물 주기입니다. 겉흙이 마르면 준다고 하는데, 만져봐도 흙이 말랐는지 젖었는지 구분이 안 될 때도 많습니다. 이 정도면 마른 거 아닌가 싶다가도 계속 헷갈립니다. 이 애매모호함에서 나를 구해줄 식물 키우기는 바로 '수경水耕'입니다. 식물을 흙이 아닌 물에서 키우는 방법인데, 식물을 키우는 가장 쉬운 방법이라 생각합니다. 저의 첫 식물, 스킨답서스도 물에서 시작했습니다.

    대부분의 식물은 수경으로 키울 수 있지만, 아이비, 아레카야자, 스파티필름, 스킨답서스 같은 외떡잎식물이 특히 물에서 잘 자랍니다. 줄기를 잘라 물에 꽂기보다는 뿌리째 물에서 키우는 것이 성공 확률이 높습니다.

    뿌리를 깨끗이 씻어 유리병이나 컵에 물을 담아 담가두고, 물이 줄어들면 뿌리가 잠길 정도로 채워주기만 하면 됩니다. 처음에는 흙에서 나온 부유물 때문에 물이 더러워져 자주 갈아주지만, 나중에는 자체 정화를 하기 때문에 물만 채워도 됩니다. 해가 많이 들지 않는 책상 위, 침대 옆, 식탁이나 선반 위에 두면 됩니다. 흙 없이 물에서 키우다 보니, 벌레 걱정도 없고 부피도 작아 어디에나 둘 수 있습니다. 이만한 인테리어 포인트도 없죠.

푸미라 Pumila
푸미라는 건조에 매우 민감한 식물이라 물에서 키우는 것이 오히려 쉽습니다.

제너두 Xanadu
옮겨 심다가 부러진 제너두 가지를 물에 담가두니 금세 뿌리가 자랍니다.

아이비 Ivy / 아레카야자 Areca palm

아레카야자와 아이비는 수경으로 잘 자라는 식물입니다. 유리병에 식물을 담고 형광색 실로 마크라메처럼 걸어두면 여름 인테리어의 포인트가 됩니다.

사무실 책상에서 키울 수 있는 이끼

사무실에 빛도 안 들고 출장도 잦은 데다 식물을 잘 죽이는 식물 킬러라면 이끼를 키워보세요. "이끼도 키울 수 있나요?"라고 물어보는 분들이 많은데, 의외로 키우는 재미가 있습니다. 심지어 키가 자라 병 속을 가득 채우기도 합니다. 이끼는 공기에 노출시키기보다는 유리병이나 유리돔에 넣어 기르면 좋습니다. 물기가 말랐을 때 분무만 해주면 초록색이 유지되고 숲 속의 안개처럼 신비한 느낌을 낼 수 있습니다. 특별한 관리가 필요 없고, 가끔 뚜껑을 열어 분무만 해주세요. 이끼가 물에 잠기면 녹아버리기도 하니 유의하세요.

마리모는 이끼가 아닌 수초입니다. 일본 북부의 아칸 호수 바닥에 군집해 사는 것이 발견되어 천연기념물로 지정되면서 외부로 유출되는 것을 엄격하게 관리하고 있습니다. 시중에 유통되는 마리모는 물 위에 떠 있는 수초를 걷어 비슷한 모양으로 만든 것입니다. 마리모가 기분이 좋으면 둥실 떠오른다는 이야기도 있지요. 사무실 책상에서도 키울 수 있는 귀여운 식물입니다.

레인디어 모스 Reindeer moss

공기가 건조하면 딱딱해지고 습도가 높아지면 다시 말랑말랑해집니다. 물을 직접 뿌리지 말고, 주변에 분무하여 공중 습도를 올려주세요. 욕실에서 키우거나 근처에 물컵을 두어도 됩니다.

마리모 Marimo

햇빛을 피하고 서늘한 곳에 두세요. 물을 갈아준 뒤 마리모를 가볍게 쥐어 물을 짜면, 공기 방울이 붙어 물 위로 떠오릅니다.

2
까다롭지 않은데 모양도 예쁜 식물

동글동글한 잎이 귀여운 필레아

필레아의 원산지는 중국 남부의 고산 지역인 윈난성과 쓰촨성입니다. 1945년 한 노르웨이 선교사가 중국을 탈출할 때 필레아를 가져갔는데, 그는 집에서 필레아를 번식시켜 아기 필레아가 생길 때마다 이웃에게 나눠주었다고 합니다. 결국 필레아는 유럽 곳곳에 퍼지게 되었고, 1984년에는 영국의 큐왕립식물원 책자에 정식으로 소개되었습니다.

　원산지의 환경을 살펴보면 중국 윈난성은 위도상 제주도보다 아래쪽에 위치하며 너무 덥지도 춥지도 않은 쾌적한 날씨가 유지되는 곳입니다. 필레아는 이 지역에 있는 1,500~3,000m의 높은 산속 그늘지고 습한 바위 근처에서 자랍니다. 키가 작아 다른 식물에 가려져 햇빛을 많이 받지 않아요. 그래서 실내에서 키울 땐 빛이 약간 들어오는 창가에 놓는 것이 좋습니다. 산속과 비슷한 환경이 되도록 잎에 자주 분무해서 공기 중의 습도를 올려주면 더 건강하게 자랍니다.

　필레아 잎은 도톰한 편입니다. 몬스테라와 마찬가지로 잎에 물을 보관해놓기 때문에 물이 부족해도 민감하게 반응하지 않아요. 흙이 완전히 말랐을 때 물을 듬뿍 주세요. 필레아를 키우는 기쁨 가운데 하나는 아기 필레아입니다. 필레아는 새잎도 잘 나오지만 뿌리에서부터 새 필레아가 자라는 번식왕입니다. 흙 속으로 가위를 넣어 필레아를 분리해서 새 화분에 심거나 물에 담가두면 잘 자랍니다.

필레아 Pilea

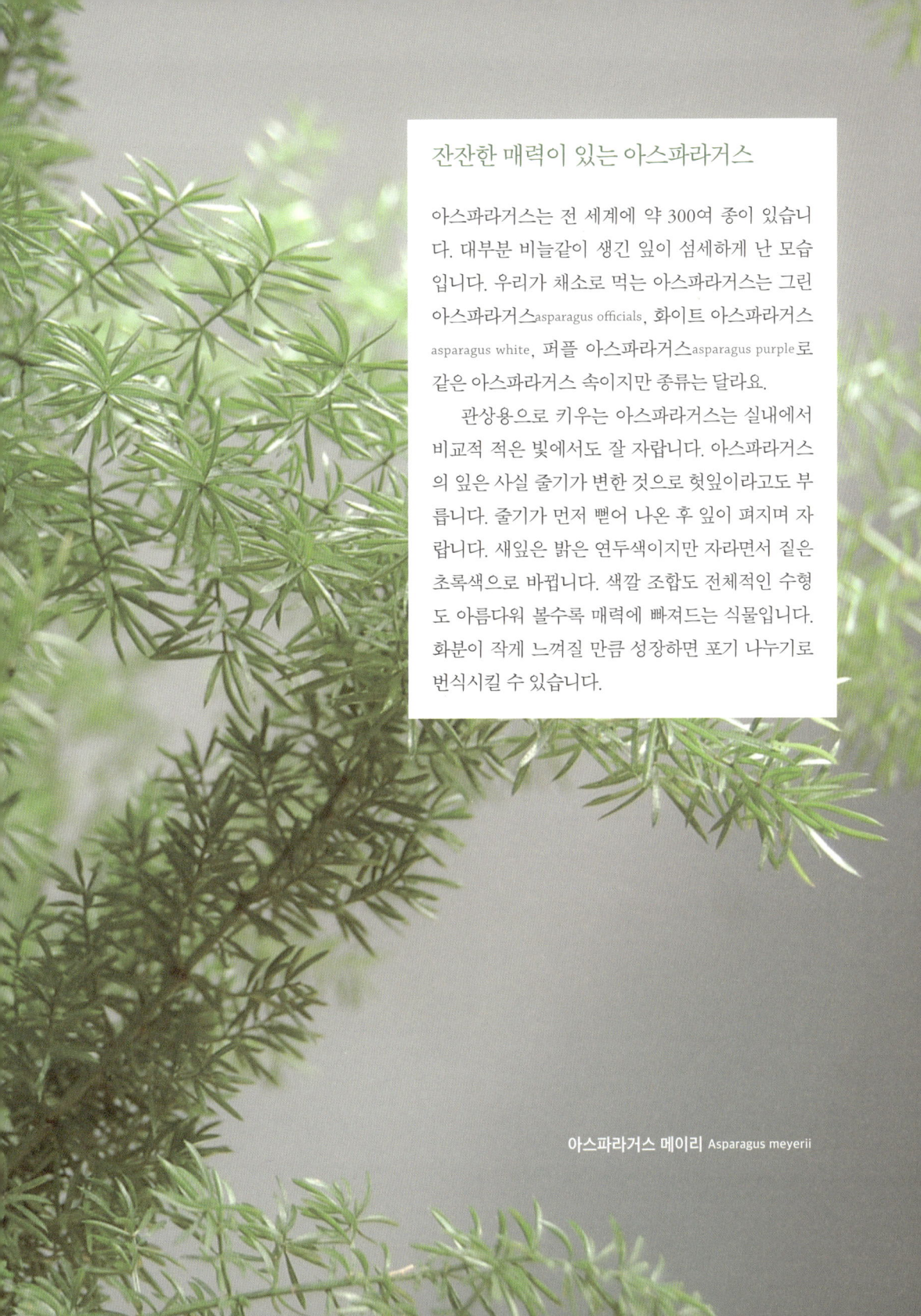

잔잔한 매력이 있는 아스파라거스

아스파라거스는 전 세계에 약 300여 종이 있습니다. 대부분 비늘같이 생긴 잎이 섬세하게 난 모습입니다. 우리가 채소로 먹는 아스파라거스는 그린 아스파라거스asparagus officials, 화이트 아스파라거스 asparagus white, 퍼플 아스파라거스asparagus purple로 같은 아스파라거스 속이지만 종류는 달라요.

관상용으로 키우는 아스파라거스는 실내에서 비교적 적은 빛에서도 잘 자랍니다. 아스파라거스의 잎은 사실 줄기가 변한 것으로 헛잎이라고도 부릅니다. 줄기가 먼저 뻗어 나온 후 잎이 펴지며 자랍니다. 새잎은 밝은 연두색이지만 자라면서 짙은 초록색으로 바뀝니다. 색깔 조합도 전체적인 수형도 아름다워 볼수록 매력에 빠져드는 식물입니다. 화분이 작게 느껴질 만큼 성장하면 포기 나누기로 번식시킬 수 있습니다.

아스파라거스 메이리 Asparagus meyerii

fox, the green
everyone deserve own garden

아스파라거스 메이리 Asparagus meyerii

아스파라거스 나누스 Asparagus nanus

아스파라거스 미리오클라두스 Asparagus myriocladus

늘 한결같은 푸르름, 고사리

고사리는 양치식물의 일종으로 세계적으로 가장 널리 퍼진 식물입니다. 종류가 많은 만큼 특성도 다양합니다. 우리나라 숲에서 자라는 고사리는 관중, 고비 종류로 그늘진 곳에서 자랍니다. 그중 아디안텀과 프테리스는 물이 부족하면 잎이 금방 마르고 다시 회복되지 않아 관리하기가 꽤 까다로워요. 이외에 외국에서 들어온 원예종인 보스턴고사리, 더피, 블루스타펀 등은 밝은 양지를 좋아하고 물이 부족해도 민감하게 반응하지 않습니다. 거미발이라고도 불리는 복실복실한 뿌리를 가진 넉줄고사리(후마타고사리)나 블루스타펀은 생명력이 강해서 거미발이 살아 있는 한 새잎이 계속 납니다. 아스플레니움(아비스)은 고사리 종류 중에서도 물결 모양의 잎과 무늬가 아름다워요.

고사리는 대부분 반음지에서도 잘 자라지만 실내의 밝은 곳에서 햇빛을 잘 받을수록 색과 모양이 예쁘게 자랍니다. 물은 흙이 완전히 말랐을 때 듬뿍 주고, 잎이 처졌을 때도 흙을 살펴본 후 물을 주는 것이 좋아요.

프테리스 Pteris

넉줄고사리 Squirrel's foot fern　　　　블루스타펀 Blue star fern

보스턴고사리 Boston fern　　　　아스플레니움 니두스 Asplenium nidus

시원한 느낌을 주는 덩굴식물, 시서스 엘렌다니카

언뜻 보면 포도 잎 같기도 하고 참나무 잎 같기도 한 덩굴식물입니다. 생김새 때문에 '그레이프 아이비'라고도 불려요. 실내에서 잘 자라고 공기정화에도 탁월한 효과가 있습니다. 실내에서는 밝은 창가에 두면 좋은데, 여름철 너무 강한 햇빛에 잎이 타버리기도 하니 적당한 빛이 있는 그늘에서 키우세요. 시서스는 관리하기 쉽고 잘 자라 키우는 기쁨도 주지만, 무엇보다 정말 예쁩니다.

시서스 엘렌다니카 Cissus ellen danica

3

난이도는 높지만 매혹적인 식물

몽글몽글한 노란 꽃을 터트리는 아카시아

오스트레일리아의 국화이기도 한 아카시아는 와틀^{wattle}이라고도 불립니다. 우리나라에서 흔히 보는 아카시아와는 완전히 다른 종입니다. 우리가 흔히 아카시아라고 부르는 나무의 공식 명칭은 '아까시나무'로, 학명은 가짜 아카시아라는 뜻인 *pseudoacacia*라고 합니다. 오스트레일리아의 아카시아는 2~3월에 노란색 꽃을, 아까시나무는 5~6월에 하얀색 꽃을 피웁니다.

완연한 봄이 오기 전, 새싹과 꽃이 그리워지는 시기에 노랑아카시아는 풍성한 노란 꽃을 터트립니다. 몽글몽글한 모양이 너무나 귀엽고 예쁘지요. 한 번만 봐도 홀딱 빠지기 쉬운 꽃입니다. 하지만 이 녀석을 키우려면 바람과 햇빛이 필수라 사실 아파트에서는 키우기가 매우 어려워요. 추운 겨울을 못 나기 때문에 마당에 심을 수도 없지요. 만약 집에서 키운다면 봄에서 가을 동안은 햇빛과 바람이 잘 통하는 베란다에 두고, 겨울에는 온도가 영하로 떨어지지 않게 거실에 두세요.

노랑아카시아 *Acacia spectabilis*

긴잎 아카시아 *Acacia longifolia*

삼각잎 아카시아 *Acacia cultriformis*

청량한 초록 식물, 유칼립투스

오스트레일리아가 원산지인 식물은 매우 매력적입니다. 쉽게 접하지 못하는 식물이라 더 그렇죠. 유칼립투스는 대표적인 오스트레일리아 식물입니다. 청량한 잎 색깔이 매력적인 유칼립투스는 폴리안, 실버드롭, 베이비블루, 블랙잭, 파블로, 시드 등 종류만 700여 개가 넘습니다. 종류마다 잎 모양이 달라 어떤 것을 키울지 고민이 되죠.

앞서 소개한 노랑아카시아도 그렇지만, 좀 더 대중적이라 할 수 있는 유칼립투스도 키우기가 까다로운 식물입니다. 햇빛과 바람을 많이 쐬주어야 하며 추운 겨울을 날 수 없어 마당에는 심을 수 없고, 실내에서 키우기에는 세심한 관리가 필요한 난이도 높은 식물입니다. 잎을 만져보기 전에는 멀쩡한지 말랐는지 구분도 잘 안 됩니다. 하지만 어렵다고 쉽게 포기하지는 마세요. 위쪽 가지가 죽어도 뿌리는 살아 있을 수 있어요. 물만 줘도 뿌리 근처에서 곁가지가 올라오곤 합니다.

유칼립투스의 특성을 살펴보면, 잎에서는 가연성 오일을 뿜어내고 안개처럼 퍼트리는 성질이 있어 2019년 오스트레일리아에서 큰 산불이 발생했을 때 멸종 위기에 처하기도 했습니다. 유칼립투스 잎을 먹고 사는 코알라 역시 상당한 피해를 입었고요. 다행히 유칼립투스는 속성수로 굉장히 빨리 자라고 불에 타버린 나무 둥치에서도 새싹이 나와 쉽게 재생된다고 합니다.

유칼립투스 구니 Eucalyptus gunnii

유칼립투스 폴리안 Eucalyptus polyan

신비로운 은빛을 내는 올리브나무

잎이 작고 단단하며 비교적 건조에 강하기 때문에 스페인과 이탈리아 등 지중해 연안 국가에서 널리 재배됩니다. 올리브나무는 스스로 수정해 열매를 맺는 일, 즉 자가결실 비율이 낮은 수종이라 여러 그루를 함께 키워야 열매를 얻을 수 있습니다. 4~5년 이상 자란 나무에서 꽃이 풍성하게 필수록 열매도 많이 맺기 때문에 꽃가루가 떨어지면 닦지 말고 둬야 열매를 볼 수 있습니다. 하지만 원산지가 아닌 곳에서 좋은 열매를 기대하는 것은 사실 욕심입니다.

올리브나무는 그나마 난이도가 낮은 식물에 속합니다. 실내에서 가장 밝은 곳에 두고, 통풍이 잘되는 곳에 두어야 한다는 점을 명심하세요. 과습은 금물입니다. 물 빠짐이 좋은 알칼리성 흙에 심는 것이 좋고, 1~2월에 한 번 석회를 뿌려 산성도를 유지하세요. 봄과 가을에는 비료를 주세요. 환경이 좋으면 잘 자라는 수종이라 늘어지는 잔가지를 잘라가며 키우면 더 튼튼하게 자랍니다. 늦가을에서 초겨울 사이, 꽃과 열매가 맺지 않았을 때 웃자라거나 빽빽하게 난 가지를 가볍게 잘라주세요.

올리브나무 *Olea europaea L.*

자연이 키운 야생화

산에 가거나 거리를 걷다 보면 이름 모를 꽃을 많이 만납니다. 자연이 키워낸 예쁜 식물이지요. 야생화의 아름다움에 빠진 사람이라면 누구라도 그 자연스러운 아름다움을 곁에 두고 싶어 합니다. 초록 잎이 무성한 식물을 좋아하는 사람이 있는 반면 가녀린 가지에 화사한 꽃망울을 맺는 식물을 좋아하는 사람도 있지요.

   사실 야생화를 키운다는 것은 꽤 어려운 일입니다. 넓은 땅에서 쨍쨍한 햇빛을 받고 자란 식물이라 최대한 해가 많이 들어오는 곳에 두어야 합니다. 원래 어느 지역에서 자랐는지에 따라 온도 관리도 세심히 해야 하고, 해충이 생겨 약을 뿌리려고 하면 꽃이 뭉그러지기 쉽기 때문에 병충해를 입지 않도록 눈을 부릅뜨고 지켜봐야 해요. 하지만 야생화는 야생에서 자라고 번식하기 때문에 강한 생명력과 적응력을 가지고 있어, 어떤 곳에서 자라는지 특징을 알면 도전해볼 만합니다.

   야생화는 땅의 힘을 받아야 잘 사는 식물이라 화분에 심으면 해를 넘기기는 어렵습니다. 땅에 심는 것보다 잘 자라지는 못하지만 해와 바람이 잘 든다면 생각보다 오랜 시간 꽃을 볼 수 있어 충분히 만족스럽습니다. 꽃다발을 화병에 꽂아 잠시 감상하는 기분을 느낄 때처럼 말이죠.

설유화 *Spiraea thunbergii*
가는잎조팝나무라고도 불리며 봄이 오기 전에 은은하고 청초한 꽃을 피웁니다.

산당화 *Chaenomeles speciosa*
황량한 겨울을 보내다, 가녀린 가지에 맺힌 도발적인 꽃을 보면 안 반할 수가 없죠.

야생화 센터피스

털수염풀, 베로니카, 산부추로 야생화 센터피스를 만들었습니다. 절화보다 훨씬 오래 볼 수 있고, 집에서 더 이상 키우기 어렵다면 화단에 옮겨 심어도 됩니다.

4

수형이 아름다운 식물

해를 따라가며 자라는 드라세나

드라세나는 잎이 얇고 뾰족해 강인한 느낌을 줍니다. 집에서 키우면 해를 따라가느라 줄기가 독특하게 자라기도 합니다. 원하는 모양으로 화분을 돌려가며 키우는 맛이 있지요. 아프리카가 원산지인 만큼 건조에 강합니다. 크게 관리가 필요하지 않지만, 겨울철에는 물을 주는 주기가 길어집니다. 봄가을에 비료를 규칙적으로 주면 성장하는 데 도움이 되지만 원체 자라는 속도가 느립니다. 키가 큰 마지나타가 부담스럽다면 가지치기를 해줍니다. 가지치기를 하면 새로운 개체도 잘 생기고, 자른 가지를 물에 꽂아두면 뿌리가 잘 나와 번식이 쉽습니다. 통풍이 잘 안되는 곳에 두면 응애나 깍지벌레가 생길 수 있습니다. 하지만 증상이 바로 나타나지 않기 때문에 주의 깊게 살펴봐야 합니다.

드라세나 마지나타 Dracaena marginata

드라세나 마지나타 레인보우 Dracaena marginata rainbow

다듬어지지 않은 수형, 페라고늄

식물학자 린네는 식물 분류 체계를 처음 세우면서 유라시아 대륙에 자생하던 쥐손이풀 Geranium과 아프리카 대륙에서 자생하는 페라고늄을 같은 속의 식물로 분류했습니다. 몇 년 뒤에 린네는 실수를 정정했지만, 이미 원예가들 사이에서 제라늄이라는 이름이 정착한 탓에 현재까지도 페라고늄을 제라늄이라고 부르고 있습니다.

   페라고늄을 키울 때 씨를 받아 번식시키기도 하지만 가지를 잘라 흙에만 꽂아두어도 뿌리를 잘 내립니다. 아무렇게나 내버려두면 해를 따라가며 잘 자라기 때문에 자연스러운 수형을 만들 수도 있고, 가지치기하여 원하는 형태로 키울 수도 있습니다. 내 손으로 수형을 자유롭게 가꿔보세요. 페라고늄은 햇빛을 좋아하지만 여름철에 너무 강한 직사광선은 피해주세요. 잎이 탈 수 있어요. 건조에는 강하고 과습에는 약하므로 흙을 잘 체크하고 물을 줍니다.

페라고늄 Pelargonium
스페인 코르도바에서는 집을 ㅁ 자 형태로 지어 가운데에 '파티오'라고 부르는 작은 정원을 만듭니다. 파티오에는 주로 페라고늄을 키워요. 파티오 축제가 열릴 때 방문하면 페라고늄의 새로운 매력을 느낄 수 있답니다.

분재의 멋, 황칠나무

나무를 화분에 키우면 땅에서 키운 것보다 작을 수밖에 없어 줄기가 가느다란 나무는 분재로 가꾸는 것도 방법입니다. 분재용 철사를 감아 줄기를 꼬불꼬불하게 만들 수도 있고, 가지치기만 해서 자연스러운 라인으로 만들 수도 있습니다. 줄기가 길고 가늘어 바람이 불면 잎과 함께 살랑 흔들리는 모습이 멋스럽습니다.

가구에 칠하는 누런 빛깔의 칠인 '황칠'에 대해 들어본 적이 있을 거예요. 황칠은 황칠나무 껍질의 상처에서 나오는 노란 액체를 모아 만든 것입니다. 우리나라 남부에서 자라는 황칠나무는 제주도, 완도 등 섬 지역에서 흔히 볼 수 있습니다. 따뜻한 지역에서 자라는 만큼 중부에서는 외부 월동을 하지 못합니다. 대신 내음성이 강해 실내에서도 무난하게 잘 자랍니다. 병충해에도 강하지만 외부 식물이 실내로 들어오면 벌레는 생기게 마련입니다. 새잎의 뒷면에 진딧물과 깍지벌레가 생기지 않는지 유심히 봐주세요.

황칠나무 *Dendropanax morbiferus* H.Lev.

선이 아름다운 꼭지윤노리나무

꼭지윤노리나무는 우리나라 산 중턱의 그늘지고 건조한 곳에서 자라는 식물입니다. 그래서 햇빛이 적은 실내에서도 잘 적응합니다. 통풍이 잘되는 곳에 두고 진딧물이 생기지 않도록 각별히 관찰해주세요. 겨울에는 너무 따뜻한 곳에 두지 말고 적당히 찬 베란다에 두어야 합니다. 실내에서 키울 땐 긴 겨울을 잘 견뎌야 해요. 죽었는지 살았는지 판단하기 어렵고 키우는 재미도 없어 지치기 쉽습니다. 화분에서 키울 경우 오랜 기다림이 필요한 나무에요. 겨울이 지나면 3~4월에 작고 귀여운 꽃이 피기 시작합니다. 꼭지윤노리나무가 가장 기특한 계절은 가을입니다. 단풍이 매우 아름답게 들기 때문이지요.

꼭지윤노리나무 *Pourthiaea villosa Decne*

의도하지 않은 수형

농장에서 키우는 식물도 결국 상품인지라, 대부분 일정한 모양으로 길러지는 경우가 많습니다. 상품성을 올리기 위해 가지치기를 하고 지지대를 세워 아름다운 모양을 만들거나 꽃과 열매를 더 많이 맺게 합니다. 판매 기준에 맞지 않는 나무는 상품 가치를 잃어 홀대를 받기도 하고, 예쁘게 잘 자란 나무라도 화분에 옮겨 심은 후 방치하면 모양이 달라지기도 합니다.

이렇게 사람 손길에 따라 식물 모양이 달라지지만 자연 그대로 두었을 때 의도치 않게 아름다운 수형을 만날 수 있습니다. 세상에 하나뿐인 수형이지요.

떡갈고무나무 *Ficus lyrata*
처음에는 화분 하나에 심어진 나무였습니다. 관리를 못 받아 가지가 앙상해졌지만, 뿌리를 정리하고 세 그루로 나누니 유니크한 느낌이 듭니다.

쉐프렐라 Schefflera

홍콩야자라고도 불리며 개업 축하용으로 많이 쓰이면서 인테리어용으로는 인기가 떨어졌습니다. 과습으로 엉망진창이 된 화단에서 꿋꿋이 버티던 쉐프렐라를 화분에 옮겨 심었습니다. 미움 받던 식물도 어울리는 옷을 입으니 멋스럽습니다.

무화과 *Ficus carica*

무화과 열매를 잘 맺게 하려면
겨울에 가지치기를 해주세요.
새로 난 가지는 성장 속도가 빨라 금세
새로운 모양으로 자랍니다.

부록

식물 초보자가 궁금한 모든 것

물주기 편

Q 물은 며칠마다 줘야 하나요?

물을 며칠에 한 번씩 줘야 한다는 법칙은 없습니다. 물 주기는 '겉흙이 마르면 충분히'가 기본이며, 흙이 마르는 속도는 화분이 놓인 환경과 계절에 따라 달라집니다. 꽃집에서 말하는 며칠에 한 번은 꽃집에 화분이 놓인 곳의 주변 환경을 기준으로 말하는 것입니다. "며칠마다 물을 줘야 해요?"라고 되묻기보다, 흙이 마르는 정도를 살펴보면서 잎이 보내는 신호에 유의하세요.

Q 물을 줬는데 왜 죽나요?

식물이 살아가는 데 필요한 건 너무 많고, 죽는 원인도 다양합니다. 잎이 누렇게 변하는 이유만 봐도 그렇습니다. 물이 부족하거나 반대로 과습이거나 영양분이 부족하거나 해충이 생겼거나 등등. 꼭 물 때문에 식물이 잘 살거나 죽는 건 아니에요. 식물 상태가 안 좋다면, 물 주기는 물론 화분이 놓인 공간의 상태가 어떤지 차근차근 살펴보세요. 분명 '아차!' 하는 순간이 떠오를 겁니다. 그리고 혹시라도 집에서 식물을 관리하는 사람이 나 말고 또 있다면 꼭 담당을 정해두어야 합니다.

Q 물을 얼마나 줘야 하나요?

물을 먹는 뿌리는 아래쪽에 있습니다. 중간에 있는 굵은 뿌리보다 끝에 있는 잔뿌리가 물을 먹습니다. 그래서 아래쪽까지 흙이 흠뻑 젖도록 물을 주어야 식물이 필요한 양만큼 물을 흡수할 수 있습니다. 물이 배수 구멍으로 나올 때까지 물을 줘야 한다는 말이 이 뜻입니다. 이때 물이 줄줄 흘러나올 정도로 너무 많이 주지 말고 흘러나오기 시작할 때까지만 주면 적당합니다.

Q 정수기 물을 주는 것이 좋을까요?

정수된 물보다 수돗물을 사용하세요. 정수기 물은 사람이 먹을 수 있을 정도로 정제되어 식물에 필요한 영양분이 부족합니다. 오히려 수돗물 속에 들어 있는 칼륨, 칼슘, 마그네슘 등이 식물을 더 잘 자라게 해줍니다. 대신 수돗물을 사용할 때 하루 정도 미리 받아두었다가 사용하세요. 온도를 적당하게 맞추고 염소 등의 약 성분을 가라앉히기 위함입니다.

Q   겨울에는 따뜻한 물을 주나요?

계절에 상관없이 15~20°C의 수돗물을 주는 것이 좋습니다. 만졌을 때 차갑지도, 따뜻하지도 않은 느낌이면 됩니다. 겨울에는 물이 너무 차가울 수 있으니 온수를 적당히 섞어 받은 후 하루 정도 실온에 두었다가 사용하세요.

Q   습한 장마철에는 물을 덜 줘도 되나요?

비가 많이 오면 흙이 마르는 속도가 느려집니다. 평소 일주일이면 겉흙이 말랐다면, 장마철에는 그 주기가 좀 더 길어집니다. 평소대로 물을 주면 과습이 될 위험이 있으니 잘 살피면서 조절해야 합니다. 그리고 장마철에는 특히 환기에 신경 써주세요. 공기 중에 습도가 높은데 바람까지 없다면 뿌리가 썩을 수 있습니다.

Q   분무는 하루에 몇 번씩 하나요?

건조할 때는 수시로 분무하세요. 많게는 하루에 네다섯 번 정도 할 때도 있습니다. 반대로 습도가 높을 때는 분무를 아예 하지 않는 게 좋습니다.

분갈이 편

Q   분갈이는 언제 하나요?

모종을 처음 사왔을 때, 식물이 자라 뿌리가 배수 구멍 밑으로 나왔을 때, 흙의 영양분이 빠졌을 때 분갈이를 해야 합니다. 흙의 영양분은 생각보다 금방 빠집니다. 흙에 영양분이 없으면 물을 제때 줘도 잎이 자꾸 떨어지거나 색깔이 예쁘게 나지 않습니다. 또 키우면서 물을 줄 때마다 흙의 양이 줄기 때문에 분갈이는 주기적으로 해야 합니다.

Q   분갈이를 하려니 시작부터 막막합니다. 어떤 흙을 써야 하나요?

분갈이에 필요한 흙은 기본적으로 상토, 마사토, 난석입니다. 상토는 분갈이용 흙, 전문가용 흙, 혼합토로 불리기도 합니다. 식물의 특징에 따라 상토와 마사토 비율을 다르게 하거나 상토가 아닌 다른 흙을 넣기도 합니다. 분갈이하는 방법은 38~43쪽을 참고하세요.

Q 흙을 산이나 화단에서 퍼 와도 될까요?

외부 흙을 집으로 가져오는 것은 상당히 안 좋습니다. 눈에 잘 보이지 않지만 산이나 화단의 흙 속에는 각종 벌레와 곤충 알 등이 있고 흙이 바이러스에 노출되어 있기 때문입니다. 이런 흙을 집으로 가져오면 식물에 병이 생기는 건 물론 집 안에 벌레가 생길 수 있습니다. 영양분이 많은 분갈이용 흙이 여러 종류로 저렴하게 판매되고 있으니 구매해서 사용하기 바랍니다.

Q 분갈이할 때 무조건 새 흙을 써야 하나요?

이미 식물을 심었던 흙은 영양분이 다 빠진 상태입니다. 식물이 튼튼하게 자라게 하려면 새 흙을 써야 합니다. 혹시 모를 병충해가 있을 수 있으니 오래된 흙은 불연성 전용 수거 마대에 넣어 버리세요.

Q 화분은 어떻게 고르나요?

화분은 식물 크기와 비슷하거나 1.5~2배 정도 큰 것으로 고르세요. 처음 모종이 담긴 플라스틱 화분보다 작은 크기는 안 됩니다. 많은 양의 식물을 옮기기 위해 식물 크기보다 작은 화분에 심어놓았기 때문에 바로 알맞은 크기의 화분으로 교체해야 합니다. 식물이 크게 자랄 걸 생각해서 너무 큰 화분을 선택하는 것은 추천하지 않습니다. 화분 크기만큼 물을 주게 되어 과습이 될 확률이 높습니다. 또 학생 때 키가 크는 걸 생각해서 큰 교복을 입으면 안 예쁜 것처럼 보기에도 어울리지 않습니다.

선인장처럼 세로로 긴 형태의 식물은 화분도 비슷한 모양에 심으면 멋스럽습니다. 제너두, 보스턴고사리처럼 키가 크지 않고 옆으로 퍼지는 식물을 커 보이게 하려고 높은 화분에 심는 경우가 있는데, 이런 식물은 오히려 얕은 화분에 심어 스툴이나 장 위에 올리는 것이 훨씬 예쁩니다.

Q 바닥에 구멍이 없는 화분에 심어도 되나요?

인테리어용으로 흔히 캔이나 유리컵 등 배수 구멍이 없는 용기에 식물을 심기도 합니다. 물론 심어도 상관없지만 용기에 물이 빠지는 구멍이 없어 물을 줄 때마다 물의 양과 흙이 마르는 주기를 세심하게 살펴야 하므로 초보자에게 권하지는 않습니다. 물이 잘 빠질 수 있도록 배수 구멍이 있는 화분을 쓰고 화분 받침을 이용하세요.

Q   큰 화분도 분갈이를 자주 해야 하나요?

천장에 닿을 정도로 키가 큰 식물이라면 화분 위로 올라온 나무 목대 길이만큼 화분이 깊어야 합니다. 하지만 큰 화분을 매번 사려면 비용 때문에 만만치 않고, 무거워서 일반 가정집에서 분갈이하기에 부담스럽기도 합니다. 식물이 순식간에 폭풍 성장을 해서 뿌리가 배수 구멍으로 나온 상태가 아니라면 같은 화분에 뿌리를 정리하고 오래된 흙을 털어낸 후 새 흙을 넣어주는 정도로 분갈이를 해도 좋습니다.

Q   분갈이한 지 얼마 되지 않았는데, 뿌리가 구멍 밖으로 나왔어요. 분갈이를 또 해야 하나요?

그만큼 식물이 빨리 자랐다는 증거입니다. 이때는 번거롭더라도 다시 분갈이를 해야 합니다. 밖으로 나온 뿌리는 병균에 쉽게 노출되기 때문입니다.

Q   화분에서 식물을 어떻게 빼나요?

모종이 얇은 플라스틱 화분에 들어 있는 경우라면 화분 밑부분을 살짝 누르고 기울여서 모종을 빼세요. 그러면 모종이 쉽게 빠집니다. 이미 다른 화분에 심겨 있는 경우라면 식물을 한 손으로 잡고 다른 손으로 고무망치를 이용해 화분 윗부분을 톡톡 두드려가며 빼냅니다. 화분 속에 뿌리가 꽉 차거나 흙이 오래되면 화분에서 식물을 빼기가 어려울 수도 있습니다. 화분이 위로 갈수록 좁아지는 모양은 식물을 꺼내기 어렵습니다. 너무 안 빠지면 화분 재질에 따라 화분을 망치로 깨거나, 가위로 조각조각 잘라내야 합니다. 이때 뿌리에 상처가 나지 않게 주의하세요. 삽을 이용할 경우 뿌리를 찔를 수 있으니 더욱 조심하세요.

Q   다른 식물을 여러 개 같이 심어도 되나요?

물과 해를 좋아하는 정도가 비슷하다면 같이 심어도 괜찮습니다. 텃밭 식물 중에는 토마토와 바질처럼 함께 심으면 궁합이 좋은 것도 있습니다. 하지만 실내 식물인 경우 좁은 화분에 함께 심으면 뿌리에 서로 영향을 미치기 때문에 추천하지는 않습니다. 각각의 식물마다 어울리는 화분에 심는 게 훨씬 예쁘답니다.

관리편

Q 화분 근처에 날파리가 날아다녀요. 왜 그런 건가요?

뿌리파리가 생겼을 가능성이 있습니다. 뿌리파리는 과습으로 인해 생기는 해충으로, 약을 뿌려 제거합니다. 외부에서 생긴 초파리도 습한 곳을 좋아해 식물 근처에서 자주 보입니다. 만약 흙 위에 찻잎이나 커피 가루 등을 뿌려두었다면 제거하는 것이 좋습니다. 영양분이 될지는 모르지만, 벌레가 알을 까기에는 최적의 조건입니다.

Q 토분에 곰팡이가 피었어요.

토분에 하얗게 곰팡이처럼 보이는 것은 백화 현상입니다. 흙, 비료, 물, 화분 재질에 있는 미네랄과 염분 성분이 토분 밖으로 나와 증발하면서 하얗게 변하는 것입니다. 자연스러운 현상이고 빈티지한 느낌이 들어 그대로 두기도 합니다. 싫다면 하얗게 변하자마자 물티슈로 닦아내면 됩니다. 시간이 지나 굳으면 잘 닦이지 않으니 참고하세요.

Q 거미줄이 생겼어요.

가지 사이에 작은 거미줄이 생겼다면 응애일 겁니다. 온도가 높고 건조한 환경에서 자주 생기는 해충으로, 물티슈와 면봉으로 닦아낸 후 약을 뿌려주세요. 실제로 거미줄일 수도 있습니다. 거미가 자연에는 이로운 곤충이라고 하지만 내 식물에는 이롭지 않겠죠. 거미줄을 걷어내고, 거미가 보이면 바로 잡아 자연으로 돌려보내세요.

Q 진딧물이 생겼어요. 어떻게 해야 하나요?

일단 눈에 보이는 진딧물은 핀셋과 물티슈로 제거합니다. 그다음 해충약을 뿌리면 되는데, '~킬'로 끝나는 해충약이나 코니도를 사용합니다. 약을 뿌린 후에는 반드시 환기해주세요. 만약 반려동물과 함께 지낸다면 천연 해충약인 난황유를 만들어 쓰면 좋습니다 (73쪽 참고).

Q 약을 뿌려도 벌레가 없어지지 않아요. 어떻게 해야 하나요?

갖은 방법을 써도 해결되지 않는다면, 벌레가 생긴 부분을 모두 잘라내거나 아예 식물을 버려야 합니다. 벌레가 생긴 화분 하나 때문에 다른 화분들도 피해를 입을 수 있습니다. 더 퍼지기 전에 포기하는 것이 좋습니다. 식물과 흙을 모두 버리고, 화분은 살균제를 뿌려 소독한 후 햇볕에 말려주세요.

Q 약은 얼마나 뿌리나요? 많이 뿌려도 되나요?

해충약을 사용하기 전에 설명서를 꼭 읽으세요. 사용법은 물론 희석하는 비율, 분무 횟수 등을 꼼꼼히 확인하고 사용합니다. 약을 많이 뿌리면 해충은 없어지겠지만 식물에 악영향을 미칩니다. 2~3주에 한 번 독성이 약한 약을 예방 차원으로 뿌려도 좋습니다. 약을 뿌린 후에는 환기해주세요.

Q 지렁이는 해롭지 않다던데, 맞나요?

맞습니다. 지렁이는 흙 속을 돌아다니면서 흙을 비옥하게 만듭니다. 모종 안에 지렁이가 있을 때 그대로 옮겨 심을 수 있다면 당신은 진정한 고수! 비 오는 날 만난 지렁이를 잡아넣을 수 있다면 당신은 초고수!

Q 비료와 영양제는 언제 줘야 하나요?

영양제는 식물이 폭풍 성장을 하는 봄과 가을에 주는 것이 좋습니다. 분갈이를 하고 난 직후라면 영양제를 굳이 주지 않아도 됩니다. 흙의 영양분은 2~3개월이면 점차 빠져나가기 때문에 시간이 조금 흐른 후부터는 비료와 영양제를 조금씩 주는 것이 좋습니다.

Q 선인장에도 비료를 주나요?

선인장 성장에도 비료가 도움이 됩니다. 다만, 일반 관엽식물보다 적은 양을 사용하고 희석해 쓰세요. 만약 관엽식물에 주는 비료와 물을 1:1,000 비율로 섞었다면 선인장은 1:2,000 정도로 섞어 사용합니다.

Q 화분에 달걀 껍데기나 커피 가루를 뿌려도 되나요?

식물에 따라 좋아하는 흙의 산성도가 조금씩 다릅니다. 달걀 껍데기는 흙을 알칼리성으로 만들고, 커피 가루는 산성으로 만듭니다. 영양제만큼의 효과를 보기는 어렵지만 식물에 따라 이 두 가지가 도움이 될 수도 있습니다. 달걀 껍데기는 안쪽에 있는 흰 막을 제거하고 말린 후 잘게 부숴 사용합니다. 커피 가루는 흙이 너무 습해지지 않도록 잘 말려서 흙 속에 넣어줍니다.

Q 허브를 키우는데 자꾸 죽어요.

허브는 실내에서 키우기 매우 어려운 식물입니다. 자꾸 죽는 이유는 햇빛과 바람이 부족해서일 겁니다. 허브를 키우는 건 사람이 아니라 햇빛과 바람입니다. 실외 정원에서 가장 어두운 부분이 실내의 밝은 부분과 비슷한 정도라고 합니다. 그만큼 실내가 어둡고 햇빛이 차단된 공간이란 의미지요.

Q 처음 사왔을 때는 꽃이 많았는데, 꽃이 더는 안 피어요.

꽃이 피는 주기를 알아보세요. 사계절 내내 피는 종이 아니라면 꽃이 피는 시기가 있을 겁니다. 만약 휴면기가 아닌데도 꽃이 안 핀다면 햇빛과 영양분이 부족하기 때문입니다.

Q 키우던 나무가 죽었어요. 어떻게 처리해야 하나요?

부피가 큰 나무는 잘게 잘라 종량제 봉투에 담아 버려야 합니다. 자르지 않고 봉투 위로 툭 튀어나오게 묶어서 버리면 벌금을 낼 수도 있어요. 자르기도 힘든 정도라면 특수 폐기물로 수거 신청을 하면 됩니다. 흙은 불연성 전용 수거 마대에 넣어 버립니다. 화분은 토분이라면 마찬가지로 전용 마대에 넣어 버리고, 플라스틱이라면 분리수거함에 버립니다. 관리자 허락 없이 아파트 화단이나 산에 버리면 무단 투기이니 폐기 방법을 꼭 지켜주세요.

식물 선택 편

Q 공기정화 식물을 키우고 싶습니다. 추천해주세요.

사실 모든 식물이 공기정화 식물입니다. 공기정화 식물이 따로 있는 건 아니고, 개별 식물의 특성이 조금씩 다를 뿐입니다. 예를 들면, 아레카야자는 산소 발생률이 높고, 뱅갈고무나무는 미세먼지 제거에 효과적이며, 파키라는 새집증후군을 없애는 데 좋습니다. 일반적으로 관엽식물은 낮에 산소를 내뱉고 다육식물과 산세베리아 같은 식물은 밤에 산소를 내뱉습니다. 함께 키운다면 온종일 공기정화 효과를 볼 수 있습니다. 식물이 밤에 이산화탄소를 내뱉기 때문에 식물을 많이 키우면 위험하다고 말하는 사람도 있는데, 아주 극소량이라 아기에게도 해롭지 않을 정도입니다.

Q 집에 해가 거의 들지 않는데, 키울 수 있는 식물에는 어떤 것이 있나요?

칼라데아, 몬스테라, 스킨답서스를 추천합니다. 이 식물들은 비교적 해가 들지 않는 곳에서도 잘 자라지만 해가 드는 곳보다 성장은 좀 더딜 수 있습니다. 아무래도 해가 들지 않는다면 식물을 키우기가 어렵습니다. 음지도 해가 1시간 정도는 들어오는 곳이다 보니 아예 빛이 없는 곳이라면 식물 키우기는 불가능하다고 봅니다. 하지만 식물 전용 전등을 설치하면 희망은 있습니다(19쪽 참고). 일반 전등에 전구만 갈아 끼우면 되고, 온라인 쇼핑몰에서 저렴하게 살 수 있습니다. 요즘에는 너무 붉거나 푸른 빛이 아닌 자연스러운 색깔의 식물 등도 많으니 한번 이용해보세요.

Q 햇빛이 너무 많이 들어옵니다. 식물에 괜찮을까요?

센 직사광선이 온종일 들어온다면 얇은 커튼을 이용해서 살짝 가리는 것이 좋습니다. 커튼은 창문 살이 비칠 만큼 얇은 소재로 고르세요. 사실 햇빛이 많이 들어오면 키울 수 있는 식물의 종류가 다양해집니다. 햇빛이 들어오는 정도에 따라 식물 종류를 고르고 위치를 선정하세요(61쪽 참고).

Q 화장실에서 선인장을 키워도 될까요?

제일 안 좋습니다. 선인장은 해가 잘 들고 건조한 곳에서 잘 자라는데, 화장실은 집에서 가장 빛이 적고 습한 곳이기 때문에 최악의 조건입니다. 과습으로 금방 죽어버릴 겁니다. 가능하면 화장실에는 식물을 두지 않길 권합니다. 정 화장실에서 키우고 싶다면 식물을 한두 줄기 물컵이나 유리병에 꽂아 수경으로 기르세요.

Q 아기가 아토피가 있습니다. 치료에 도움을 주는 식물이 있나요?

식물이 직접적인 치료 효과를 주지는 않지만, 공기정화에 도움이 되기 때문에 피부에 좋은 영향을 줍니다. 특히 산세베리아는 음이온을 많이 내뿜기 때문에 아토피 질환이 있는 분께 많이 추천합니다. 산세베리아 특유의 모양이나 색깔이 부담스럽다면 문샤인을 키워보세요. 은은한 색감이 매력적입니다. 스투키도 추천하는 식물 중 하나입니다. 예쁜 화분을 선택해서 키우면 보기에도 아름답습니다.

Q **식탁 위에 식물을 두고 싶은데, 어떤 것이 좋나요?**

식탁은 음식을 올리는 곳이니 깨끗하게 관리할 수 있는 식물을 놓는 것이 좋습니다. 수경 식물은 흙이 없어서 벌레가 나타날 우려가 없고, 맑은 느낌도 듭니다. 물을 갈아주기만 하면 편하게 관리할 수 있습니다.

Q **어른들이 집에 내 키보다 높은 식물을 두지 말라던데, 진짜 나쁠까요?**

키가 큰 식물을 키우면 집 안에 그림자가 져서 음지가 되기 때문에 옛날 어른들은 이런 말을 종종 했습니다. 기독교를 믿는 사람이 극락조를 키우면 죄를 짓는 것으로 여기기도 했고요. 믿는 것은 자유지만 강요할 권리는 없다는 것, 모두 아시죠?

Q **식물은 꼭 꽃시장에서 사야 하나요?**

많은 분이 꽃시장을 추천하는 이유는 원하는 식물을 직접 보고 살 수 있기 때문일 겁니다. 하지만 규모가 있는 화원이나 여러 화원이 모여 있는 도매시장은 물건을 대량으로 사려는 소매상인을 위한 곳이라 한두 개의 식물을 꼼꼼하게 따져 고르고 싶은 분에게는 오히려 적합하지 않을 수 있습니다. 건강하고 수형이 예쁜 식물을 고심해서 골라 오기 때문에 가까운 꽃집에서 사는 것도 좋은 방법입니다. 덤으로 식물 초보자는 꽃집 주인에게 식물을 잘 키우는 팁도 들을 수 있답니다. 블로그나 SNS에서 사는 것도 예전에는 추천하지 않았지만, 최근에는 포장을 꼼꼼히 해주고 관리법도 친절하게 적어 보내주기 때문에 실패할 확률이 낮습니다.

기타

Q **쉽게 키울 수 있는 식물에는 뭐가 있나요?**

가장 많이 듣는 질문 중 하나입니다. 하지만 쉽게 키울 수 있는 식물은 없습니다. 식물 키우기는 쉽지 않고, 키우면 키울수록 어렵습니다. 물이 모자라다, 햇빛이 필요하다, 영양분이 없다, 말을 하지 않으니 알 수가 없습니다. 그나마 아프지 않고 스스로 잘 자라는 식물을 꼽자면 몬스테라입니다(44쪽 참고). 척박한 환경에서 자라기 위해 진화한 형태라 까탈스럽지 않습니다. 새잎도 잘 나와 초보자가 식물 키우기에 흥미를 붙일 수 있습니다.

Q 관리를 안 해도 죽지 않는 식물에는 뭐가 있나요?

없습니다. 모든 식물은 알맞은 환경에서, 물을 제때 줘야 잘 큽니다. 식물을 관리할 자신이 없다면 조화를 활용해보세요. 공간에 활기를 불어넣어줄 거예요. 화장실처럼 식물을 키우기 어려운 공간에 조화를 두는 것도 한 방법입니다.

Q 식물은 왜 우리 집에만 오면 죽나요?

우리 집에 와서 죽은 것이 아니라, 내가 제때 관리하지 못해서 죽은 것입니다. 물을 많이 줬거나, 물 주기를 놓쳤거나, 햇빛이 부족했거나… 이럴 때 식물이 보내는 신호를 눈치채지 못했기 때문입니다. 혹은 우리 집 환경에 맞지 않는 식물일 수도 있습니다. 집 안의 공간별로 식물을 배치했는지(62~63쪽 참고) 살펴봐야 합니다. 마지막으로 내 생활 패턴이나 성격과 맞는지도 확인해보세요. 부지런한 사람은 예민한 식물도 잘 키우지만 무던한 사람은 무던한 식물을 키워야 잘 맞습니다.

Q 안 죽이고 잘 키우는 방법은 없나요?

식물을 키우다보면 누구나 한 번쯤 식물을 말려 죽이기도 하고 과습으로 떠나보내기도 합니다. '나는 식물 킬러야'라는 생각이 들면 선뜻 키우기가 어렵습니다. 하지만 오히려 더 많이 키우면서 실패를 경험하다보면 나와 우리 집 환경에 맞는 식물을 찾을 수 있습니다. 내가 어떤 식물을 좋아하는지, 우리 집에는 어떤 식물이 잘 자라는지 알게 됩니다. 앞서 말했듯이 '물 주기 3년, 또 3년 그리고 또 3년'이라는 말이 있을 정도로 식물 키우기는 시간과의 싸움입니다. 관심과 사랑으로 식물을 잘 살펴다보면 어느새 잘 자라는 모습을 볼 수 있습니다.

나만의 행복한 취미를 갖고 싶은 사람을 위한
한빛라이프 소원풀이 시리즈

나도 기타 잘 치면 소원이 없겠네
왕초보를 위한 4주 완성 기타 연주법
김우중 지음 | 이윤환 사진 | 240쪽 | 16,800원

나도 우쿨렐레 잘 치면 소원이 없겠네
왕초보를 위한 4주 완성 우쿨렐레 연주법
한송희 지음 | 212쪽 | 16,800원

나도 피아노 잘 치면 소원이 없겠네
한 곡만이라도 제대로 쳐보고 싶은 왕초보를 위한 4주 완성 피아노 연주법
모시카뮤직 지음 | 232쪽 | 16,800원

나도 피아노 폼 나게 잘 치면 소원이 없겠네
어떤 곡이든 쉽게 치고 싶은 초중급자를 위한 4주 완성 피아노 연주법
모시카뮤직 지음 | 224쪽 | 16,800원

나도 손글씨 잘 쓰면 소원이 없겠네
악필 교정부터 캘리그라피까지, 4주 완성 나만의 글씨 찾기
이호정(하오팅캘리) 지음 | 160쪽 | 12,000원

나도 손글씨 잘 쓰면 소원이 없겠네 [핸디 워크북]
악필 교정부터 캘리그라피까지, 4주 완성 나만의 글씨 찾기
이호정(하오팅캘리) 지음 | 160쪽 | 8,800원

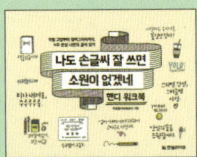

나도 드럼 잘 치면 소원이 없겠네
한 곡만이라도 제대로 쳐보고 싶은 왕초보를 위한 4주 완성 드럼 연주법
고니드럼(김희곤) 지음 | 216쪽 | 16,800원

나도 수채화 잘 그리면 소원이 없겠네
도구 사용법부터 꽃 그리기까지, 초보자를 위한 4주 클래스
차유정(위시유) 지음 | 180쪽 | 13,800원

나도 영어 잘하면 소원이 없겠네
미드에 가장 많이 나오는 TOP 2000 영단어와 예문으로 배우는 8주 완성 리얼 영어
박선생 지음 | 320쪽 | 13,800원

**나도 손글씨 바르게 쓰면
소원이 없겠네**
악필 교정부터 어른스러운 펜글씨까지
4주 완성 한글 정자체 연습법
유한빈(펜크래프트) 지음 | 160쪽 | 12,000원

나도 손그림 잘 그리면 소원이 없겠네
작은 그림부터 그림일기까지
4주 완성 일러스트 수업
심다은(오늘의다은) 지음 | 160쪽 | 13,800원

나도 글 좀 잘 쓰면 소원이 없겠네
글 한 줄 쓰기도 버거운 왕초보를 위한
4주 완성 기적의 글쓰기 훈련법
김봉석 지음 | 208쪽 | 14,800원

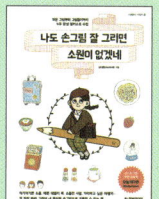

**나도 손글씨 바르게 쓰면
소원이 없겠네 [핸디 워크북]**
악필 교정부터 어른스러운 펜글씨까지
4주 완성 한글 정자체 연습법
유한빈(펜크래프트) 지음 | 160쪽 | 8,800원

나도 좀 가벼워지면 소원이 없겠네
라인과 통증을 한번에 잡는
4주 완성 스트레칭 수업
강하나 지음·양은주 감수 | 176쪽 | 13,800원

**나도 초록 식물 잘 키우면 소원이
없겠네**
선인장도 못 키우는 왕초보를 위한
4주 완성 가드닝 클래스
허성하(폭스더그린) 지음 | 216쪽 | 15,800원

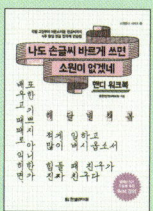